拜別唐山

在馬來半島異域重生

白偉權——著

「新南洋史」系列出版說明

從中國出發到東亞海域流徙的人群，傳統上往往被稱為「唐人」，這一稱呼源自於七世紀的「大唐」。早在十一世紀，日本博多港就設有「唐坊」作為海商的居住區。即便到了大宋時期，這些商人仍被稱為「唐人」。十二世紀曾到訪廣州的朱彧（？—？）記錄了「唐」這一稱呼的使用情況。陳宗仁（一九六六—）注意到，相比「中國人」、「華僑」、「華人」、「華民」、「漢人」等稱呼，十九世紀之前的海外華人無論遠近，更多自稱或被稱為「唐人」。這一現象在《葡漢辭典》、《佛郎機化人話簿》及馬尼拉天主教教義書籍中均有體現。這表明，身處原鄉以外的移居者選擇了「唐人」這一穩定用詞，並廣泛使用近千年之久。在二十世紀初怡保成長的王賡武（一九三〇—），也注意到在唐人社會中不論是廣東話還是福建話，人們都自稱為「唐人」。事實上，無論從奧古斯特公爵圖書館（Herzog August Bibliothek）所藏的十七世紀菲律賓唐人手稿，抑或是萊頓大學所藏的十八世紀吧城華人公館檔案等文獻，都能見到「唐人」一詞被廣泛應用。即使是現今馬來西亞福建人、廣府人、客家人、潮州人，在指稱「華人」時，其實也多是以「唐人」自稱。值得注意的是，在馬來半島的福建話（閩南語）、潮州話與海南話的日常用語中並無「華人」一詞，在遇到需要表述「華人」時，基本都會直接以「唐人」表示（閩南語：thg^{5} lang^{5}；潮州話：deng^{5}-nang^{5}；海南話：hang^{2} nang^{2}）。

雖然「唐人」與「華人」的差異可謂肝膽楚越，在日常生活的應用中往往可以隨意互換，但「華民」、「華人」的普及應用，其實自一八七六年大清國的兩廣總督劉坤一（一八三〇—一九〇二）才開始。劉氏及後繼官員的修辭手法，很可能在於意圖重構「中國／中華」與海外唐人的政治關係；而「華人」的用語出現以後，包括「中國／中華」、東南亞與歐美的不同政權與知識人，都經常在政策與論述的層面不當地假定了海外唐人與「中國／中華」的緊密連結，直接或間接地釀成十九世紀末以來「華人」在「南洋」的各種問題。然而，海外唐人的身份認同光譜多樣而複雜，除了自視為完整的、政治及文化上的「中國人」，也包括堂堂正正地認可在地或殖民政權的前題下，堅實地從其個人的生活方式構築出「華人」或「唐人」的文化身份；更可能在皈信亞伯拉罕宗教或與非唐人族群通婚，放棄祖父輩生活方式後，單純地自覺為「唐人」。這些可能性表明，海外唐人與不同政治實體（包括「中國」）和文化系統（包括「中華」）之間，既沒有必然的關係，更不應被假定帶有應然的關係。

「新南洋史」系列旨在介紹唐人社會在東南亞的發展歷程，及其作為東南亞各國國民在近世演成不同於「中國／中華」生活形式的過程。與傳統的華語史學者和歐美英語史學者不同，本系列希望採取以東南亞的唐人社會為中心，擺脫了中國中心和漢族中心的論述方式，隱含的重點其實都在於探討「脫離『中國／中華』的界域，唐人在世界各地何以構成新天新地」的大主題。傳統華語史學者基於漢族與中國中心的觀點，往往在引介東南亞唐人歷史時，將五百年來唐人移民努山塔拉（Nusantara）的歷史視之為唐人播遷與離散的故事，並將敘事的重點聚焦於海外唐人與中國的關係。這種敘事方向忽略了全球史、經濟、種族、權力、性別等等面向，既矮化了東南亞唐人的主體性與能動性，亦以中國中心觀點（Sino-centrism）令讀者忽略了東南亞各國內部的多元性。在中國民族主義者徘徊於漢族中心主義與中華民族論的一九二〇年代時，身處南島的唐人同樣在歐洲中心的現代化思想、本土反殖民主義與大中華民族主義之間徘徊思考。雖然我們看到兩次世界大戰前後與中華人民共和國成立後的一段時間，一些南島唐人呼應了中華民族主義重新遷移至中國，但絕大部分的南島華人都未響應「歸國」的呼喚。這些「沉默的大多數」在中國中心觀點的史學論述中往往被東南亞以外的華語學者及對東南亞唐人語言文化鮮有認識的非華語學者忽略，他們即使經歷了「南洋」各國或輕或重的「排華」後，仍然在維繫自身文化認同時，保持本國國民的身分。「新南洋史」系列在放下政治與文化濾鏡的手法下，期望重塑「唐人」在被稱為「南洋」、「努山塔拉」的舞臺上所演出的不同故事。

臺灣和東南亞在歷史上密不可分，兩者的歷史經驗常有平行的發展。處於東北亞與東南亞間的海上交通要道，十七世紀以前的臺灣匯聚了日本、大明國與南島的移民，也吸引了歐洲的商人在臺灣作經濟、政治與文化互動和衝突的平臺。在早期全球化的網絡，「南洋」與臺灣之間的聯繫在商業、流行文化、宗教實踐、家族關係，甚至是臺灣原住民和爪哇等馬來群島住民所使用的語言都能被看到。二十世紀以來臺灣與東南亞的交流往往被具有「大中華意識」的論述所壟斷，泰國、馬來西亞、印尼的華語國民常被矮化為在文化或血緣上隸屬於「中國／中華」的「僑胞」。這種為「中國／中華意識」所佔據的臺灣與南島華語族群，在二十世紀九十年代在日益民主化的臺灣得到充份反思。臺灣政府推動臺商於東南亞投資的計劃在泰國、馬來西亞、印尼、菲律賓、新加坡、越南、汶萊等國家收益不淺。雖然成果在中國經濟開放與亞洲金融風暴後失落頗多，但卻為臺灣與東南亞國家互動正常化邁開了正確的一步。

臺灣與「南洋」之間的密切聯繫，並不單是因為兩者都充滿華語人口，而是因為它們自然地獨立於不同的帝國之間，是世界交匯之處。本叢書出版於島鏈（Island Chain）前線，為讀者重新詮釋努山塔拉唐人在東南亞想像自身身分認同的歷史，從歷史的角度思考臺灣過去基於「僑胞」論述而建構的東南亞認識。作為離散香港人在臺灣經營的出版機構，一八四一出版也期望以更合乎近年史學發展的方式，重新詮釋東南亞唐人群體的歷史與文化，以供香港的讀者重新思考拜別原鄉後，共同體成員之間亦遠亦近、又疏又親的關係，還有很多想像的空間。

●目錄●

第二部

異域重生：拿律演義

第三部

拜別唐山的華人們

推薦序

國立臺灣師範大學地理學系名譽教授／陳國川

東南亞區域的名稱多元，提醒我們反思：「誰的歷史？誰寫的歷史？」的問題。白偉權教授，我們都暱稱他小白，十餘年來孜孜矻矻於田野，皓首窮經於文獻史料，從不間斷。經由田野調查及檔案、古地圖蒐集史料，採跨域的觀點，以拿律為核心的北馬舞台，書寫近二百年來的庶民歷史，並釐清華人在這塊土地歷史中扮演的角色。

本書由三個主題單元組成，首先「這才是華人社會日常」，以華人先輩在熱帶叢林中爭奪、採集不可更新資源為軸線，描述華人社會底層庶民，離鄉背井來此謀生時的勞動條件、飲食內容、地方疾病及社會網絡等，他們大多付出了健康甚至生命的代價，成就的不只是今日華族生活家園的奠基者，也是北馬歷史的共同書寫者。第二部分「異域重生：拿律演義」，描繪來自不同原鄉的華人族群，在採集資源過程中，彼此之間，以及和在地邦國、和英國殖民勢力之間的互動，相當程度重建了十九世紀拿律地區人－地交互作用、人－人交互作用與地－地交互作用的歷史圖像。最後，「拜別唐山的華人們」單元，則以錫米產業鏈各級礦主及商賈為主角，以錫礦開採、加工、物流等的操作為經，以操作過程刻畫的遺跡與地景為緯，書寫各階層華人先輩在實踐「日久他鄉變故鄉」過程裡，所付出的努力與代價。

本書的最大貢獻是，以宏觀的區域視角，回到小地域或地點的歷史現場。從荒野中的墓碑、廟宇裡的牌匾、對聯及碑記，以及行政、治安單位留下的檔案與古地圖等庶民史料，以簡潔精確的描述，訴說先輩篳路藍縷的過程。在各篇的敘述中，小白以苦力、頭家、會黨、地景、礦主及其產業鏈中的商賈為對象，解析他們在歷史現場所面對的環境挑戰與時代難題，在多面向的歷史發展中，講述這些發展如何引導他們在歷史長河中就地演出的位置。當然，這些挑戰、難題或歷史定位，未必成為科學性的知識問題，但卻是自身生命意義的創造與展現。我們現在享受他們奠基的家園之餘，不只要緬懷，更要關切他們櫛風沐雨的過程。

在博士論文完成後，小白不斷多方嘗試研究的切入角度，從未間斷過其學術旅程，本書是他彙集近年研究成果的第二本專著。研究過程中，小白深入各地義山拍攝墓碑資料、造訪各地廟宇記錄碑記牌匾、親臨大小圖書館蒐集各式檔案、探問在地耆老蒐羅口述資訊，經由這些過程克服華族先輩留下史料較為欠缺的困境。本書匯集的各篇專文，都是他一步一腳印的錐心之作。我肯定小白對學術的執著，對家鄉的熱情，更佩服他有取之不盡的動能。能夠先睹本書的內容，是我的光榮。

陳國川
序於國立臺灣師範大學地理學系

推薦序

新加坡國立大學中文系副教授／黃賢強

首次與偉權相遇可追溯至二〇二〇年。當時，我應台灣師範大學地理學系陳國川教授之邀，擔任其門生葉韻翠博士論文答辯的口試委員之一。那時的偉權是一位出席旁聽答辯的碩士生。在閑談中，驚喜地發現我們同是馬來西亞新山寬柔中學的校友，盡管我比他早很多年畢業。更引起我關注的是，他正在研究的碩士論文課題是《馬來西亞柔佛州新山華人社會的變遷與整合（1855-1942）》，準備有系統地梳理和論析新山開埠後到二戰前近百年的文化地景發展和演變。偉權於二〇一一年完成碩士論文並順利取得碩士學位後，繼續攻讀博士學位，並以馬來西亞的另外一個地域作為研究個案，深入探討國家與地方，產業與社會的錯綜複雜關係。

二〇一六年，我再度有幸受到陳國川教授的邀請，成為偉權博士論文《國家、產業與地方社會的形構：馬來亞拿律地域華人社會的形成與變遷（1848-1911）》的口試委員。這部博士論文有豐富史料，立論有據，學術視野廣闊。偉權的博士論文不僅順利通過了答辯，也成為研究拿律地區，甚至是研究整個馬來亞地區華人社會的重要學術著作。

如果說偉權的博士論文是一部嚴肅的學術著作，是與學界同行對話的作品，那麼，這本《拜別唐山：在馬來半島異域重生》則是面向普羅大眾的讀物，內容精煉，卻不失學術養分。換句話說，它具備學術內涵，卻以通俗易懂的文筆將故事講清楚說明白。

本書至少有三個值得關注的特點：首先，書中所收錄的文章並非一般無據可查的野史或耆老的回憶，而是有充分的史料支撐，有註明資料來源，並經過考證的史地故事。每篇文章末尾均列有「延伸閱讀」，提供相關參考文獻乃至原始資料，為有興趣深入探究的讀者提供了指引。其次，書中的一些故事或許看似熟悉，但並非老生常談，而是帶有新的觀點和論述。偉權喜歡與讀者一同探討問題，逐層揭示問題的真相。例如，他引領讀者思考東南亞華人是否都是苦力豬仔的後代？最後，全書各章適當地配置相關插圖，有些來自檔案，更多是作者在田野考察中拍攝的照片或繪制的地圖，圖文並茂，增加閱讀的樂趣。

總而言之，偉權博士之所以能夠將學術議題巧妙地以通俗易懂的文筆呈現，或者說將史地故事提升至具有學術內涵的短篇文章，得益於他長期的田野考察，並勤於查閱檔案文獻的雙重努力成果。近年來，馬來西亞湧現了各類地方史出版物，成果參差不齊。偉權的作品可作為範本，在傳播本土史地知識的同時，保持了立論有據的學術原則。高興看到偉權能夠遊走於學術殿堂與大眾教育之間，為馬來西亞華人知識體系的建構添上濃彩重墨的一筆，是為序。

—推薦序—

大馬資深文史田野工作者／李永球

讀歷史，寫歷史，歷史能夠帶來什麼？有說歷史是一面鏡子，能夠鑑古知今，了解過去，知道當今，預知未來。既然是一面鏡鑑，又是怎樣的鏡鑑呢？那就眾說紛紜，各有不同的看法。總覺得那是一面照妖鏡，在歷史的鏡鑑下，妖魔無法遁形，正義永遠是真理。

「董狐之筆」此話是形容撰史依照事實，公正不偏。撰寫歷史須有此精神，依照資料，有一分證據說一分話，切忌添油加醋，胡編瞎造，撰史者必須具備此種「歷史道德」，對得起天地良心。歷史是勝利或當權者撰寫的，我們華族的歷史就得靠我們自己來撰寫，由外族或外國人來撰寫，往往只寫到皮而寫不到骨頭裡的精髓。照妖鏡之下，被抹黑消滅的歷史，展現鳳凰重生；被篡改捏造的歷史，顯出醜態百出；被排斥邊緣的歷史，終於重見天日；被詆毀誹謗的歷史，獲得伸張正義。

白偉權博士即將出版一本有關太平的史書，邀我為之寫序，受寵若驚之下，不敢怠慢，唯有遵命提筆。

細讀白博士的文章，發現研究成果比很多人都來得好，紮實穩重，大量引用文獻及田野資料，這方面我深感慚愧，亦感到望塵莫及。由於白博士致力於收集及閱讀文獻資料，在此方面勤下苦功，收穫的果實豐碩。因此不僅欽佩，更覺得應該虛心向他學習。

撰寫歷史文章，除了文獻資料，田野調查也是一項很重要的工作。由當地人收集資料並撰寫是最好的。若是外地人，就得長期居留一段時間，付出事倍功半的努力，才會有好的成績。

在田野資料方面，白博士是有缺陷，不僅不夠完整，也不夠深入，畢竟他不是太平本地人。他來過太平幾次，急匆匆收集資料就走，這方面就有欠缺了。但是，批評人家之際，或者說否定人家之後，本人也得自我檢討，切忌倚老賣老，以專家學者自居，目中無人。雖然我在田野調查方面做得好，不過在文獻方面就不夠完整也不夠全面了，畢竟我天生比較懶，文化水平也不夠，閱讀資料就困難重重。

我非常堅持由本地人撰寫本地史。雖說外來的師傅會唸經，這得住上多年熟悉當地後，才會有滾瓜爛熟之效，否則就出現荒腔走板的窘況。如果白博士做的是他本身家鄉的歷史，那就得心應手，事半功倍矣！

地方史最適合當地人來做，蓋因外地人對地方不是很熟悉，對當地語言、環境、地理、人文、歷史更是生疏，做起來就障礙重重，無法深入。閱讀過他的一些文章，發現就有這些缺點，講了這麼多，不舉個例子彷彿在貶低人家，抬高家己。曾經拜讀過他的文章，記得他寫太平的「福建義山」，這是不正確的名稱，真正是「福建公塚」。不過瑕不掩瑜，其文章依然擲地有聲，值得讚揚並推薦。畢竟多一個人來撰寫，好過少一個人寫，還是贊成並感謝他對於太平歷史的撰寫並交出極佳的果實。

而一些文獻派的學者，則不注重田野調查資料，完全抄自書籍及文獻，如此一來，書中有誤則跟著誤矣。或許有人認為書籍文獻或官方檔案、報章資料不會錯，其實還是有一些錯誤或不實的，所謂外行人看熱鬧，內行人看門道，照妖鏡之下，如何遁形呢？

導論　東南亞之前的南洋世界

東南亞是現今人們熟知的地理名詞，然而對很多老一輩的人而言，這是一個新的詞彙。在二戰之前的歷史長河中，這塊區域有很多的名字，歐洲人稱之為東印度（East Indies），中國人則稱之為「南洋」，當地南島民族則稱之為Nusantara。除了Nusantara之外，無論是南洋，還是東印度，這些名字都是站在他者的角度命名，充滿了他者的想像以及主導意識。這種現象並非憑空產生，多少也貼地的反映了某種歷史現實。

對過去的世界而言，這裡物產豐富，有著世界市場所需的商品，因此成為兵家必爭之地。在爭相佔地的同時，這裡地廣人稀，無法支援生產過程中所需的勞力，在此情況下，這片區域成為周邊的人口大國人們移出的目的地。中國人便是這個過程當中的最大參與者，也開啟了海外華僑、海外華人在南洋的序章。

事實上，無論是回到歷史現場，或是放在今天的情境，離開自己熟悉的地方，前往一個文化、政治等客觀環境上不屬於自己的地方，絕對不是必然的，而是經過無限選擇與掙扎，以及各種推力、拉力的結果。若是以清朝中末葉這個華人大舉出洋的時代來檢視當時中國的話，中國無疑是個相當深的窪地。地方治安不靖、械鬥、人口暴漲、天災、西方國家的入侵、割地賠款、官府壓迫等問題層出不窮，這種從下而上的困境形成一股極強的推力，將人們推向出洋之途。

南洋是中國人出洋的最大目的地，這裡是由多個大小邦國所組成，在殖民經濟的作用下，這裡是一片處處充滿通商機會的大型貿易場，為冒險者提供了無限的可能。南洋在族群構成上以南島民族為主體，其他也包含旅居於此的西方殖民者、傳教士，以及來自阿拉伯、印度、歐美等地的商人和移民，可謂族群雜處，眾聲喧嘩。這樣的異域是中國正統觀念下的「蠻夷之邦」，按照正常邏輯，在沒有人為干預的情況下，這邊不會有中國元素，但隨著週邊各個國家的移民相繼前來定居之後，這片土地開始變得精彩，精彩的地方在於有許多無法預測的創新元素。

中國人進入南洋的多元世界可謂是一種新的嘗試，因為原鄉中國是一個無論在語言或是文化上都相當單一的社會。南洋的環境則如同一個縮小版的世界，一個福建人隔壁可以是廣府人，像是在檳城的椰腳街（Jalan Masjid Kapitan Keling），同一條街上不到四百公尺的距離內就可以出現華人的觀音廟、印度人的象頭神神龕、印裔穆斯林的甲必丹吉靈回教堂，以及英國人的聖公會教堂。中國人在這片多元世界定居後，也開始吸納其他文化而成為有別於原鄉華人的「南洋華人」。其中最顯著的例子就是存在於新加坡、檳城、馬六甲這些貿易港市的峇峇社群。一般南洋華人即使不像峇峇社群擁有這麼多的「番夷」元素，在日常生活中，無論是語言或是飲食習慣上，或多或少也會受到「番夷」的影響。

在社會上，除了與原鄉所不同的多元之外，這裡也收納了許多原鄉所謂的「暴徒」。中國長期以來充滿了民變、海盜、土匪劫鄉事件，例如在大明實施海禁政策後流亡海外的走私客和海盜，以及在明末清初，那些不服從清朝統治而轉往海外以發展「國際戰線」的叛亂分子。在此後的整個清代當中，不時也有人高舉反清的旗幟來抵抗清政權，在生存空間日益限縮的情況下，每個時間點都有人轉往海外，懸居南洋，南洋由此成為天地會「暴徒」的大本營。

據殖民官員的報告，十九世紀中葉這裡的華人有超過百分之六十有會黨身份，會黨儼然成為華人社會生活的一部分。這些天地會組織在南洋諸土著王國是合法團體，早期的南洋開發基本都離不開天地會的勢力，而居中團結他們的精神標語更是「反清復明」，南洋儼然成為反清勢力的人才庫。無論是一八五〇年的廈門小刀會起事還是清末的革命運動，都能見到南洋華人的身影。當時的清帝國流傳著這麼一段話，指說「臺地之難，難於孤懸海外，非內地輔車相依可比。諺云：三年一小反、五年一大反，豈真氣數使然耶？」，此句描繪了臺灣山高皇帝遠的社會現狀。我們只能說，幸好南洋不在中華帝國的版圖之中，若是這樣的話，充滿「亂黨」的南洋必然更勝臺灣，成為皇帝黑名單中的第一名。

從多元的文化、會黨林立的角度看來，南洋與原鄉確實有著一百八十度的不同，這樣的差異也構成南洋特殊的主體性，成為形塑南洋華人認同的要素。上述所列舉的南洋特色，其實在東南亞各地的發展軸線幾乎一致。無論是在馬來亞、印尼、越南、緬甸、暹羅、菲律賓等等，華人的在地發展軸線或是所面對的挑戰幾乎是一致的，不外乎是華人沒有國家（中國）在背後保護，他們對於國家也抱持矛盾的態度，既希望有國家，但是又卻步於自己的國家。而東南亞華人也共同經歷殖民統治轉變為獨立國家後的挑戰。在這種歷史共性的作用下，「南洋」已成為東南亞華人的集體認同。那麼，在這個垂直歷史上多變，橫向軸線也很多元的南洋，華人是如何看待自己的？

南洋論述的建構及悲情轉向

南洋如何被人所理解，離不開文本的建構，早在清代之前，基本上就已經開始出現文人對南洋的書寫，這也是「南洋」論述建構的一種過程。明、清時期的南洋書寫多數是以遊記的方式出現，像是馬歡的《瀛涯勝覽》（一四五一）、陳倫炯的《海國見聞錄》（一七三〇）、謝清高的《海錄》（一八二〇）、力鈞的《檳榔嶼志略》、李鍾鈺的《新嘉坡風土記》（一八八七）、王錫祺的《小方壺齋輿地叢抄》（一八九一）等等。這時候的南洋書寫者大多並非移民或是寓居者（sojourn），而是以一個天朝文人、旅行者的身份來書寫南洋番邦，對他們而言，印象深刻會被記錄的事物無疑是當地居民的服飾、風俗民情、土王、物產等等，充滿了薩伊德（Edward Wadie Said）那種東方主義的調調。

隨著南洋地區歷經多年的城鎮化，加上晚清至民國初年的紛亂，開始有越來越多的移民定居南洋。這時也開始出現一些前來避難的中國南來文人，他們也成為接下來南洋意象的建構者。較知名的有張禮千、姚楠以及許雲樵對馬來亞各地和東南亞的書寫。他們是活躍於二十世紀初至戰後初期的民國文人，被稱為南洋研究三傑。他們在中國戰亂時期以僑民身份寓居南洋，因此在這裡並沒有國籍，但長久的居住也已經令他們對這片土地有所認同，他們的出現也正是南洋研究的濫觴。

他們的書寫有幾個特色，主要是把馬來西亞華人社會視為是華南閩粵社會的延伸，在這個社會中，方言群、幫群林立，華人以會館、廟宇、行業組織等的機構集結。這或許是因為廣大閩粵地區的人們聚集在這小小的聚落中所呈現出的特殊景觀，因此成為不得不提的元素。有趣的是，他們的視野並不侷限於華人社區，更關注區域歷史的發展，馬來半島、暹羅、緬甸等南洋地區都是其關注的重點。此外，他們常針對一些南洋文化進行考釋，亦大量翻譯其他語言的研究成果，充分體現其為這片土地建立論述的企圖心。

在他們之前，南洋研究其實主要是由學院派殖民學者所主導，他們產量豐富，早在十九世紀中葉以前便已有自己的發表平台，像是一八四七年發刊的《印度群島與東亞學報》（Journal of the Indian Archipelago and Eastern Asia）、一八七八至一九二二年發刊的《皇家亞洲學會海峽分會學報》（Journal of the Straits Branch of the Royal Asiatic Society，JSBRAS），以及一九二三年接續至一九四一年的《皇家亞洲學會馬來亞分會學報》（Journal of the Malayan Branch of the Royal Asiatic Society，JMBRAS），激發了他們對南洋知識的追求，於是集結了其他志趣相投的學人，才有了一九四〇年中國南洋學會和《南洋學報》的出現。自南洋研究的學群成型之後，後來的學者也開始繼續投入，已經形成一套南洋華人的研究體系。

戰後，大部分的華人開始面對人生的重大抉擇，究竟要放棄中國國籍，入籍僑居地？還是放棄在僑居地辛苦打拼的成果，舉家遷回動蕩的內地？在長久以來國家與民族身份重疊的情況下，選擇脫離中國籍當一名外國人，這是一個相當困難的抉擇，也是他們無法想象的事，畢竟「加入番邦者，還能算是唐人嗎？」。

但從後來的歷史結果看來，成為新的華人是絕大部分人的選擇。在這些新興國家生活的華人，入籍之後並不代表王子和公主從此過著幸福快樂的生活，真正的挑戰才正要開始。華人在東南亞這些土著所掌權的新興國家當中面臨了許多的挑戰，這些挑戰也影響了華人內部既有的幫群認同，使華人轉向一體化，以面對族群政治的挑戰。在新時代中，「悲情」成為華人社會論述的主旋律。

在此背景下，這時期的南洋研究不免也會呈現出一種悲情性格，這種悲情並不見得只是表現在賣豬仔的慘痛經過，同時也會呈現出一種華人貢獻的歷史論述，內容類似傳統中國史的治、亂、興、衰一樣，有著固定方程式：即「從華人賣豬仔南來，最後在自己的努力、克勤克儉等中華傳統美德的作用下，終於成功排除萬難在本地開拓一番事業，即使國家再如何打壓，也不畏懼，國家有今天的發展，也不應該忘記華人的貢獻」。

類似的故事情節在許多民間論述中不斷出現。然而藉由史料的考證，真正的歷史事實是殘酷的，因為真正的豬仔大多在開發時期就已經死亡，並未留下後代，華人底層勞工所面對的剝削者，也不見得是殖民者，更多的是來自華人的上層階級。目前許多的華人，其祖先多是二十世紀初南來的自由移民，而那些在本地超過四代或五代的，其祖先大多是當時的佼佼者，並非底層人士。當然，這樣的歷史論述有其時代背景，那麼，南洋史是否就只能停留在「有貢獻的華人」以及「悲情」之上？若不是的話，未來的南洋史應該如何書寫呢？

我們要怎樣的南洋史？

在解答這個問題之前，我們同樣回顧當前的大環境，以馬來西亞而言，目前許多的第三、第四代華人對於祖籍國是陌生的，許多年輕人甚至不知道自己的籍貫，也無法掌握華人方言，加之現今華人政治處境已不如二十世紀七十至八十年代那樣的嚴峻，華人議題逐漸不是爭議性話題。此外，在全球化的浪潮下，大家更關注的是如何繼續保有在地的特色及身份認同。在此新的環境前提底下，告別華人研究，告別悲情，回到二十世紀中葉南洋學會一樣，重新將華人與其他族群放在一個平等客觀的平台之上，或許是南洋研究可以提供的貢獻。

那麼，接下來要看的是，為甚麼要告別「有貢獻的華人」和「悲情」？如何告別？華人與會黨是一個很好的案例，很長的時間裡頭，華人對於先輩存在秘密會社（天地會組織）、包娼包賭的過去，總是充滿著矛盾與尷尬，導致在論述這段歷史時，經常會用一種避重就輕，甚至花很多文字去加以修飾或掩飾他們所認為的「惡行」。若是站在價值二元對立的角度，只是關注好—壞、道德—不道德、仁—不仁等等，歷史研究便成為一種民族主義道德光環的保衛戰，為特定族群服務了。

也因為如此，馬來西亞的華人與馬來人才會陷入「華人是黑社會」的無謂罵戰之中。因此需要站在歷史現場的角度，跳脫二元的價值判斷，承認過去的客觀事實，不是去避而不談，才是應該具備的觀點態度。就像是回到中學歷史課堂中，老師告訴學生學歷史是為了以古鑒今的那份簡單又單純的初心。那麼，我們要如何轉移視線呢？

其實這個問題不難解答，且也已經有人解答。在二〇二〇年時，安煥然教授便集合從事新山研究的青年學者，編輯出版了一本名為《新史料．新視角：青年學者論新山》的論文集。這本書的創新之處誠如主編安煥然開宗明義所說的，在於新的史料和新的視角，如此一來才能夠形成不同的論述。

在史料的應用上，用一些過去南洋研究不常用的檔案及語言資料，像是用一些過去歐洲人、馬來人對華人同一件事情的書寫，往往會從他人視角中看到自己，例如當現今華人認為自己衛生條件較好，較為乾淨時，從政府記錄當中卻看到在歐洲人的書寫中，馬來人是較注重衛生的民族，而政府費了很多的努力在維護華人聚落的衛生。當然，解讀這些史料需要費一番心力去尋找，並且解讀不同的文字，例如爪夷文、荷蘭文等等。在當今許多的史料公開、數位化、線上翻譯軟體日漸普及的條件之下，已為新史料的發掘和解讀，提供了新的契機。

在新的視角方面，回顧過去，奠定南洋史基本格局的書寫者多為中國南來文人，到了戰後，新的研究者也多承襲他們的治學方法來敘寫南洋史，成果卓著，必須肯定，但就歸納過去研究的角度而言，南洋史的方法論也呈現了十分單一的面貌。然而，隨著近年來新一代研究者背景的多元性逐漸增加，我們可以看到來自人類學、歷史學、社會學、地理學、經濟學、公共衛生等領域的研究者，使南洋史的書寫重新迎來多元發展的契機。

在新的視野下，舊有的史料可以有不同的解讀，像是在看到十九世紀的娼妓時，就不一定只有悲情的解讀，而是女性主義、產業發展、國家政策等的討論。此外，在議題式的研究主題下，南洋史的書寫就不至於只服務於個別族群或是就地方而論，在研究某個族群或主題時，也可以出現跨域的論述。這種打破政治界線，將區域視為是一個體系的視角來自歷史學者布勞岱爾（Fernand Braudel）和華勒斯坦（Immanuel Wallerstein）的分析概念，也就是在思考地方的時候，需要跳脫一種展示櫥窗那種一格一格，彼此毫無連結的「孤獨地方」，因為地方是相互影響的，如此一來，南洋研究才能避免陷入孤獨地方的限制。

黃賢強二〇〇八年在其《跨域史學：近代中國與南洋華人研究的新視野》便已經做出此一嘗試。跨域，顧名思義就是強調地理空間上跨域行為，特別是政治和文化上的疆界。對此，黃氏以中國及包含南洋在內的海外華人為對象，藉由跨區域的共同事件（如美國、澳洲、馬新地區華人的愛國運動），以及人物的跨域行為（如康有為、孫中山在各地的移動及意識傳播）來展現他的跨域史學。另一方面，黃賢強的跨域也帶有研究方法上的跨領域視野，從中可以看到地方史、性別史及歷史人類學的互動嘗試。此外，黃賢強二〇二三年撰寫的《伍連德新論：南洋知識分子與近現代中國醫衛》亦是其跨域史學之作。

類似的新史料和新視角並非南洋史所獨有，早在一九九〇年代，一些學者在參照了滿語、蒙語等少數民族史料之後，便開始對清史有了不同的解讀，即從一個內亞區域史的角度來去反思由「漢化」和「朝貢體系」對於清朝歷史的理解。縱使新清史同時也引來不少中外學者間的論戰，但站在學術角度，能引起討論的議題總好過寫完出版之後就置諸高閣。因此期待在南洋史有新的視角進來之後，能跳脫單一族群，而有更多議題式的地方關懷，然後就特定主題展開南洋不同地區之間的比較。如此一來，南洋史才能跳脫獨立的國別，而重新有對話及整合的機會，回去對應到最初應該要有的「南洋」圖像。綜合上述對於南洋歷史書寫的期許，本書又能夠如何將新的史料和視角來理解馬來半島的華人社會呢？華人社會又有甚麼值得操作的點？

北馬區域視角下的拿律

東南亞近代大歷史當中的人與事，很大程度上始於歐洲在本區域的殖民經濟，馬來半島作為東南亞的一環，其殖民經濟的內容主要來自礦業以及種植業，這兩種經濟形態對馬來半島社會影響深遠，可說是決定後續區域及歷史發展的DNA。本書的內容主要聚焦於礦業經濟的馬來半島，從十九世紀拿律（Larut）的經驗出發，觀察華人拜別唐山之後的南洋重生記。

拿律（今天的太平一帶）位於馬來半島北部的馬來王國—霹靂（Perak），自十九世紀中葉發現錫礦開始，它便由一個平凡的馬來封地一躍成為馬來半島北部最大、人口最多的錫礦產區，因而也成為霹靂王國最為富裕的封地。也因為錫礦這一利源，使得中國人蜂擁而至，希望能夠改變自己的命運。

在拿律這個馬來封地，華人的數量已經大到能夠自成體系，因此可以見到具有規模的錫礦場、勞工宿舍、商業市街、娛樂場所、廟宇、義山（墳山）等，可謂國中之國。這裡的華人也分為義興和海山兩大集團，兩者都是具有天地會性質的商業拓墾組織。拿律兩大集團的存在建立於錫礦這一不可更新資源之上，資源的日益減少伴隨著人口增加，也對拿律的社會穩定埋下了定時炸彈，最終在一八六一年開始爆發大規模的衝突。

拿律的衝突斷斷續續地持續了十餘年，在此過程中，除了械鬥帶來的生命財產損失，我們可以看到華人集團之間的跨地域動員，馬來統治者和英殖民者的回應，以及拿律對於檳城、新加坡等周邊地區的影響。到了一八七四年，在英殖民政府的積極干預下，衝突終於結束，拿律所在的霹靂王國也由完全自主的馬來王國變成英國的保護邦，成為英國殖民馬來半島的開端。

除了上述人事設定之外，拿律的空間架構也是值得我們留意的。拿律雖作為當時馬來半島的重要錫都，但它的價值卻取決於附近的檳城。當一八四八年拿律發現錫礦時，馬來封地主第一個前往的便是檳城，到當地去募集資金以及招攬開發的投資者。除了資金和人員之外，拿律生活所需的米糧、鴉片、酒等生活物資也都全由檳城供應，拿律所產出的錫礦也銷往檳城。對檳城這個國際貿易港市而言，拿律只是其眾多腹地之一，檳城可說是這個錫都的造王者。

拿律因為檳城而重要，並不意味著拿律就只是完全任由檳城影響的附屬，拿律的地位仍然舉足輕重，它的興衰對檳城的社會經濟也有直接的影響。當拿律礦業興盛，錫價高漲時，檳城也迎來美好的經濟榮景，當拿律因為華人衝突而生產停擺時，檳城的社會和經濟也會有所感，效果立竿見影。在一八六七年所發生的檳城大暴動便是最好的例子，那是拿律戰爭的延伸。另一方面，拿律的身份也是多重的，在奠定錫都地位之後，拿律也成為北馬腹地們的中心，夾帶著其所累積的資本及礦業知識，拿律礦家往周邊地區擴散，像是拿律南部近打河谷（Kinta Valley）的怡保（Ipoh）、務邊（Gopeng）、甲板（Papan）、拿乞（Lahat）、端洛（Tronoh）等地，這裡多少都能夠看到拿律的影子。像拿律這樣有著特定產業內容，即是核心也是邊區這樣多重地理身份的地方，在東南亞其實相當常見，拿律可說是一個典型的代表。

綜合拿律的人、事和空間架構可以得知，拿律在馬來半島歷史中舉足輕重，而撐起這個壯闊大歷史的，則是底下微觀的小故事。本書分為「這才是華人的社會日常」、「異域重生：拿律演義」以及「拜別唐山的華人們」三大部分，每個部分由六個篇章所組成，這些文章主要修改自筆者在《當今大馬》的專欄。其中兩篇曾收錄於筆者二〇二二年由麥田出版的《赤道線的南洋密碼：臺灣@馬來半島的跨域文化田野踏查誌》，因敘述脈絡及內容完整性所需，故再次納入，經麥田同意重新收錄本書，特此申謝。

1．這才是華人的社會日常

第一部分「這才是華人的社會日常」特別挑選了華人身份、會黨組織、飲食、娛樂等南洋華人研究常見的大議題為主軸，以期從日常生活的角度打破現有主流論述所存在的迷思。特別是當代馬新華人，無論是老百姓或是政治領袖，總是喜歡將「我們是苦力豬仔的後代」這樣的悲情論述掛在嘴邊，因為這個低微的身份能夠和華人後來的成功構成完美的對照，便可說好華人故事。然而回看過去人口的死亡率、性別比，再輔以周邊朋友的家族經驗之後，我們是不是豬仔苦力的後代，答案呼之欲出，因此本書以〈我們的故事：我們是苦力豬仔的後代嗎？〉為開端，叩問華人自我的身份。

在那個真正有華人賣豬仔南來，華人足以在馬來土地上構成國中之國的時代，天地會組織─會黨是華人社會生活的一部分。或許是受到電視劇影響，現代人對於過去的會黨有一定的刻板印象，認為會黨成員都是忠肝義膽，義氣為先，但我們更應該思考的是，他們真是如此嗎？以前的人憑甚麼跟現在的人不一樣？〈因為忠義所以賣命？被過度想像的會黨歷史〉便期望能彰顯出一直被過度想像的誤區。

看了會黨之後，我們回到當時的基層華人本身。一般認為，基層的苦力地位低微，並無甚麼影響力可言，因此在各種討論上，他們都不會是被聚焦的對象。然而，勞工因為人口基數大，使得他們合起來之後，便會帶來顯著的影響。接下來這三篇〈拿律礦工一頓飯所連結出的地理關係〉、〈拿律礦工吞雲吐霧間所促成的邊區開發〉、〈疫情即生活：十九世紀的華人、礦工、腳氣病〉便是分別從拿律礦工的飲食、鴉片吸食，以及疾病這些日常的微觀行為來突顯他們的集體性對於區域地理環境及社會所帶來的影響。

本單元最後一篇文章〈十九世紀遊走於中國及馬來海域的雙國籍華人〉則轉而觀照處於上層階級的華人。十九世紀有能力在馬來半島開枝散葉的人，多半有著中國人和英籍民的雙重身份，他們比起一九五七年馬來亞獨立時期的華人更早面臨身份選擇的問題。從經驗上看來，當時的華人比較不像現今的主流論述，每個都熱愛祖國以及傳承中華文化，而是務實地因應不同情境來調整自己的身份。總體而言，第一單元主要是從一些人們熟悉的議題來反思華人社會裡頭常見的主流論述，先從宏觀的角度建立貼近歷史事實的史觀，接著再進入第二部分。

2．異域重生：拿律演義

第二部分以「異域重生：拿律演義」為題，共有六篇文章所組成，這部分主要聚焦於拿律戰爭這個大歷史背景之下的小故事。這裡首先以〈尋找消失的拿律舊礦區〉為開端，先對這個華人生活的礦區有基本的空間概念，從資源、生產方式，以及兩大陣營華人所處的位置來看地理環境如何為華人社會埋下衝突因子。長達十餘年的拿律戰爭是殘酷的，每一次的衝突都造成數以萬計的人命傷亡，對於這些衝突，人們所關注的往往都是男性，像是苦力、礦主以及那些居住在檳城的大資本家。然而除了男性之外，女性也是拿律戰爭的重要角色。在那個非自由移民的時期，拿律的女性絕大部分以娼妓的身份出現在拿律，少部分則是當地上層人士的妻兒。女性雖然不參與戰爭，但她們卻是戰爭下的犧牲品，就像古代戰事一樣，戰勝的一方除了奪取戰敗方的財物之外，女性也是被奪取的對象。〈看得見的拿律女性：米字旗升起前夕的一場婦女營救行動〉便是希望女性能夠被看見，看女性如何成為拿律戰爭的戰利品，而基於人道主義精神的英國人如何四處奔走營救女性。

除了女性應該被看見之外，華人研究一直都有另一個問題，也就是研究論述中，永遠都只有華人，似乎華人孤立存在於族群多元的異族世界之中。其實不然，〈威震南幫：拿律戰爭與本地錫克人的紮根〉便是講述第三次拿律戰爭陷入膠著，就連馬來統治者也無法控制局面時，檳城警官史必迪（Speedy）便接受馬來統治者的委託，辭職前往印度旁遮普去募集錫克傭兵，最終藉著他們的力量成功平定拿律戰爭。錫克人就此成為英政府管理殖民地的中堅力量，其軍警的形象至今仍深入民心，錫克人也就此在馬來半島落地生根，成為馬來西亞其中一大族群。拿律戰爭便是這一社會面貌的關鍵推手。

在拿律戰爭結束後，為了長久平息拿律各造的衝擊，英國與霹靂統治者們簽訂了《邦咯條約》，也標誌著霹靂乃至馬來半島其他邦國進入英殖民時期的開端。該條約對馬來西亞意義非凡，不僅考試會考，連國家檔案館也會在大廳展示條約照片。但實際上，國家歷史所不會提的是英國人和拿律華人因應日後經濟生產管理權責的《邦咯副約》。因此〈被遺忘的邦咯副約〉便是講述這個被遺忘的條約，同時也探討英國如何確保條約對華人的約束力。

《邦咯條約》簽訂之後，英國派駐參政司接管霹靂。同樣的，戰事平定之後，馬來統治者並不見得理所當然的會遵守合約精神，他們仍無法放棄其固有的徵稅權。〈怡保大鐘樓與拿督沙谷廣場的超時空咒怨〉便是講述英國參政司和馬來統治者之間的權力拉扯。這個衝突有趣的地方在於，故事並沒有在參政司遭到地方馬來領袖暗殺，英國出兵平定叛亂後終止。在此之後，雙方的角力繼續展現在以參政司伯治（Birch）為名的紀念鐘樓之上，歷經英殖民全盛時期、馬來亞獨立初期、種族主義高漲的後殖民時期，怡保大鐘樓都有不同的命運，從中可以看出當代馬來政府對於殖民歷史論述的態度。

繼霹靂之後，英殖民勢力陸續以同樣的方式接管了其他幾個同樣是產錫且動亂不堪的馬來邦國，像是雪蘭莪和森美蘭。進入英治時期之後，原有馬來邦國之間的界線被打破，無形中也加強了人員和資本的流動，馬來半島歷經另一波的區域化過程。〈陳秀連的跨域事蹟與拿律在歷史上的地理意義〉便是講述拿律海山礦家陳秀連在英治時期如何離開拿律前往中部的雪蘭莪開發，最終扎根雪蘭莪。至今，陳秀連已經是雪蘭莪和吉隆坡地區人們所熟知的名字，從輕鐵陳秀連站、陳秀連路，甚至是變奏的陳秀「蓮」蒸魚頭，陳秀連已經和雪隆地區緊密鑲嵌了，唯一被人們所遺忘的是，他是一位出自拿律的礦家。

3．拜別唐山的華人們

第三部分「拜別唐山的華人們」顧名思義，談的就是人物。在拿律演義當中，人物關係並非表面上看到的義興—海山、廣府—客家這些簡化的二元概念。事實上，他們擁有不同的角色，像是礦工、財副、工頭、礦主、熔錫廠主、繳主（投資人）、餉碼商（稅收承包人）、糧食商、會黨領袖、馬來封地主、英國總督等等，他們構成了拿律複雜的人物關係網。幸運的是，這些人物並沒有完全隨著時間而消逝，反而是因為一些事件或過程以不同形式保留下來，像是義山的墓碑、廟宇的碑記、街道上的路牌，以及會館的肖像和機構裡頭的銅像等，使它們成為可以近距離接觸的歷史人物。

拿律開發雖早，但馬來王國時期的華人史跡卻少之又少，〈前殖民時期的拿律礦主：從嶺南廟塚的同治古墓談起〉便是旨在敘寫和考證碩果僅存的拿律礦主的墓碑，以期從微觀尺度了解這些礦主的家族資訊。在拿律，礦主們雖然都是以廣、客籍為主，這也是馬來半島乃至東南亞礦區普遍的現象。然而，若將錫礦放在上下游的生產鏈來看的話，便會浮現其他華人族群的圖像，福建商人便是隱藏在錫礦產銷鏈背後，最具影響力的群體。〈隱藏在拿律錫礦產業鏈中的檳城福建商人〉便是整理出影響拿律錫礦產業和社會的幾個檳城福建大家族，了解他們的角色以及影響，讓人物關係的拼圖更加具體。

〈鳳山寺碑記：石頭上的社會關係圖〉及〈檳城大伯公街福德祠裡的拿律大佬〉則是更進一步了解這些人物的社會網絡，從這些碑文中的名單當中，我們能夠見到的，更多是一些居住在外地（特別是檳城）的著名商人。他們在各種資料上都未呈現出與拿律的關係，但在碑文中，同一群人卻重複出現在檳城和拿律等地，完整呈現了核心和腹地之間密不可分的社會關係。當然，拿律的地域身份是雙重的，對檳城而言，它是邊區，是腹地，但對霹靂其他地方而言，拿律是重要的核心。

拿律歷經長年的發展，已經累積出深厚的資本和礦業知識，因此進入英治時期以後，許多拿律礦家夾帶著資本和技術，擴散至霹靂其他地方，成為地方開發的主力。當然，拿律錫礦也有被開挖殆盡的一天，到了一九三〇年代，霹靂首都的地位便拱手交接給近打河谷的另一個錫都—怡保。怡保是現今馬來西亞人熟知的礦區，拿律的地位早已為當代人所遺忘，〈怡保街路牌上的華人礦家溯源〉便是從日常生活可見的人名路牌著手，回顧這些人物的歷史，從中可以發現不少鑲嵌於怡保的華人礦家，都像雪隆的陳秀連一樣，具有拿律背景，足見拿律雖然因為礦產資源的下滑而逐漸淡出歷史舞台，但對周邊地區的影響仍是深遠的。

拿律的關係當然不僅限於檳城和怡保，透過人與人的連結，其所帶出的地—地關係可以無遠弗屆，充滿無限的可能，本書最後一章〈拿律海山大哥與港大中文學院主任〉便是講述馬來半島礦業邊區和香港之間的關係，從中可以見到增城籍的海山大哥鄭景貴與同鄉—朝廷太史賴際熙之間的往來。清朝覆亡之後，賴際熙來到香港，憑藉著先前在南洋所累積的網絡關係，最終開創了港大的中文學院，也建立了對馬新地區客家意識有深遠影響的崇正總會。

對現在的人而言，拿律或許毫不起眼，也無法和一些大國歷史相提並論，但它的故事絕對是同一時期整個南洋華人歷史的典型。南洋華人的歷史有著諸多面向，而華人大城市的經驗並不足以涵蓋它們，只有藉由不同的區域和族群視野，輔以不同的材料，才能構建出貼地的拿律經驗，同時破除被想象的歷史，進而跳出「有貢獻的華人」以及「悲情」的誤區。

第一部

這才是華人社會日常

一　我們的故事：我們是苦力豬仔的後代嗎？

壹、故事的開端

小時候的教育，凡提到華族祖先的南來，直至至今依然生活在異邦的華族後代的故事，我們所聽到的敘述如出一轍：在過去，華族的祖先皆是中國生活困苦的貧農，為勢所逼，被迫賣豬仔到南洋來，初到陌生的環境，處處被人壓榨，靠著堅韌不拔的精神，最終在異鄉闖出一片天……

這樣的故事不僅廣傳於馬來西亞，在華人比例甚高的新加坡更是如此，時任總理李光耀更在一九七六年和到訪的中國領導人鄧小平介紹，新加坡華人大多都是中國閩粵地區目不識丁的貧農後代，與港、臺地區的商人和技術人員的後代有所不同。這段對話亦隱約地表達出「貧農後裔」創造亞洲經濟奇跡的自豪感。

耳濡目染之下，大家的祖父、曾祖父還真的就在我們的認知中變成了「苦力豬仔」，他們克勤克儉地生活，最終創造出當地的經濟奇跡，成就了一段華族歷史佳話。沒錯！這些可歌可泣的「佳話」刻畫出華人逆境求存的精神，也成為華人自詡比其他族群優越的論述基礎之一。

貳、事的缺角：苦力豬仔的後代？

故事橋段是如此地深植人心，但是，當大家仔細憶述自己家族的過去，卻又會發現並不是這麼一回事。深究細查，相較於被賣豬仔到南洋來的苦力經驗，更多人的祖輩是當地小本生意的經營者、有者則是前來投靠自己的親人，並受雇於親友經營的商號、園丘或礦場。那麼，苦力的後代都到哪裡去了？

根據一八七四年拿律（今太平）地區的馬來封地主Ngah Ibrahim（拿律戰爭的主角之一）的口述表示：在進行森林開拓的時候，大概會有百分之十至二十的苦力死亡；礦區開辦初期，死亡率可高達百分之五十，因此只有最窮的人才會前來開礦！

事實上，Ngah Ibrahim所提供的數據已算保守，根據日里（Deli，今蘇門答臘棉蘭一帶）甲必丹張鴻南所編的《海國公餘輯錄》記載，南來者在船隻航行途中就已死了三分之一，到達南洋之後，又有三分之一因為各種原因而死亡，在所剩下的三分之一當中，能夠克勤克儉累積致富的，「不過百中之一二耳」。另外，根據戰前學者溫雄飛搜集的訪談資料，南洋曾經有一個胡椒園在開發時，招募了五十名苦力，但在半年之內死了四十八人，而園丘僅僅開發了一半，故再招五十名苦力前來遞補，又死了三十六人，死亡率高達百分之八十四，換句話說，一百人當中僅十六人能夠存活。這些事實一再告訴我們，拓墾時期的高死亡率其實是一種常態。

參、未被馴化的生態環境

這樣高的死亡率其實源於各種環境的殘酷挑戰，在十九世紀中葉馬來半島大開發時期，這些豬仔所面對的是一個沼澤雜木遍佈的原始森林，這樣的環境對於前來拓墾的苦力來說，實為一個充滿生命不確定性的環境。因此存活下來的條件並不只是靠著「堅韌不拔」的精神，而是秉持著物競天擇的公理，跨越來自天候、疾病、野獸等威脅所立下的生存門檻。

根據戰前柔佛年報（Johore Annual Report）的記載，當時流行於當地的疾病就有瘧疾、痢疾、肺炎、腸熱病、腳氣病、黑水熱病等等，許多初到南洋尚未適應環境的苦力容易染病，加上當時醫療與衛生條件不佳的情況下，致死率非常高。

此外，「原始的環境」與「猛獸的樂土」往往是一體的兩面，在種植業為主的柔佛，Buckley 便記載了柔佛十九世紀中葉，每天都有人死於虎口的事實。為此，柔佛政府也開出高額獎金鼓勵民眾捕殺各種猛獸如老虎、鱷魚和蛇等。在北馬，即使是在已經開發近四十年之久的拿律地區，在一八七四年間，仍然發生兩起鱷魚吃人事件，對此，剛接手管理上霹靂（Upper Perak）的史必迪上尉（Captain Speedy）竟表示相當欣慰，因為這個數字在當時已經算少了。

肆、男多女少的環境

除了充滿威脅的自然環境，當時華人所面對的，也是一個男女比例極為懸殊的社會環境。根據英殖民政府在一八七九年對於霹靂華人人口的統計，全霹靂約有一萬九千一百一十四名男性華人，女性華人則僅有一千二百五十九人，男女性別比約為十五比一，性別比例極度懸殊，為現今常態比的十倍。

這樣的現實也具體呈現在早年的墓碑當中，筆者在太平年代最久遠的嶺南塚山便發現許多早期的墓碑，但其立碑者都不是刻上子女或妻子的名字，而是亡者的男性宗親或共事者的名字，例如「叔」、「兄」、「弟」、「侄」的稱呼。換言之，最早的這群移民要在男多女少的環境中繁衍下一代，是非常困難的事情。

伍、故事的現實

故事來到尾端，我們才驚覺引以為傲的歷史並不如大家口中所暢談的如此偉大。無論是我們所認知的「祖先」或是李光耀所說的閩粵貧農，他們絕大部分都沒有機會繁衍後代，而與我們有著血緣關係的祖輩，則是一批又一批的苦力豬仔，將

圖 1　其中一塊由叔父兄弟所立的墓

墓碑志期同治三年一八六四年，算是太平最早的華人居民。

（資料來源：白偉權二〇一五年八月二日攝）

原始環境馴化之後，才紮根於此的受益者。

所以當華人在自豪自己是苦力豬仔後代的當兒，或許得先謙卑地緬懷那些名不見經傳，用生命馴化環境的先人，他們與我們可能沒什麼關係，甚至可能是成就我們祖輩風光業績底下的那群苦力豬仔。因為真正開疆拓土的人，極大部分都無法享受到自己努力的果實。

或許，故事的現實並不那麼完美，那缺了角的歷史碎片是如此地沉重不堪，以至於大家都刻意將之遺忘。但往往這崩了的碎角才是故事的核心精神，接受一個完整但不完美的故事，才能讓我們在歷史的路上坦蕩蕩，而不是長戚戚。

延伸閱讀與參考資料

Buckley, Charles Burton. 1902. *An Anecdotal History of Old Times in Singapore*. Singapore: Fraser & Neave.

C.1111 Correspondence relating to the affairs of certain native states in the Malay Peninsula, in the neighbourhood, 1874

C.1320 Further correspondence relating to the affairs of certain native states in the Malay Peninsula, in the neighbourhood of the Straits Settlements, 1875

C.3428 Straits settlements. Correspondence respecting the protected Malay States. (In continuation of [C.-3095] of August 1881.), 1882

Campbell, D. G. 1914. *Johore Annual Report for the Year 1914*.

Harrison, Cuthbert Woodville. 1920. *An Illustrated guide to the Federated Malay States*. London: The Malay States Information Agency.

陳翰笙編（1984），《華工出國史料彙編·第五輯·關於東南亞華工的私人著作》，北京：中華書局。

二

因爲忠義所以賣命？被過度想像的會黨歷史

「忠義堂前大門開，是友無情莫進來」

講求義氣，以忠義為先的精神是一般人對於過去華人會黨普遍的印象，今人總是讚歎過去會黨成員能夠為了捍衛兄弟與會黨的利益而不惜犧牲生命，去與敵對會黨進行械鬥及火拼。另一方面，人們也會感慨當今年輕一輩會黨成員的忠義之氣已經蕩然無存，只剩下「利」字當頭，在需要幫助時，總是有眾多的推託理由。這種「人心不古」的現象也讓人感覺彷彿「以前的人」必然較「現在的人」保有更多的中國傳統情操。

圖 2　檳城義興公司名英祠內的關帝神台

（資料來源：白偉權二〇一三年九月一日攝）

然而，華人前往南國築夢的最大目的就是要逃離苦難的原鄉，以期在移居地安身立命，因此這些可能會危及生命的行為，似乎又與他們南來的謀求美好生活的初衷背道而馳。所以問題來了，究竟是甚麼樣的原因讓這些人願意全心貫徹忠義的理念，為兄弟和所屬的會黨賣命？更具體地說，會黨憑藉著甚麼，讓底下的弟兄們替他們出生入死？

壹、「忠義為先」的核心價值

本地早期的會黨組織又稱作「公司」或「天地會」，它最初是以反清複明為目的的地下反政府組織，但到了十九世紀中葉之後，它的商業色彩更加濃厚，成為壟斷一方經濟資源的利益集團，許多南來尋求生計的人，往往會依附於會黨，一方面取得生計，一方面也尋求保護。

圖 3　一些前身為會黨組織的會館至今仍保有關帝崇拜的傳統，而「義氣」仍舊是關帝崇拜的核心價值。（資料來源：白偉權二〇一二年六月七日攝）

會黨內部一般有著嚴密的組織系統，它除了有著階序嚴明的管理階層、暗號、詩句和秘密文字之外，內部還有一套鞏固其核心價值——「忠義」的禮法體系。這套體系很大程度上以「洪門三十六誓」為基礎，此一經典建構了會黨以忠義為先的中心思想，並以宣誓的途徑對會眾的行為加以規範。會黨組織也常以《三國演義》、《水滸傳》等經典故事及其經典人物（關公、梁山眾好漢等）崇拜來為會眾所應該實踐的思想價值更加具象化。

例如在洪門三十六誓中的第一誓便開宗明義地強調：「入洪門之後，洪家兄弟以忠孝為先，不可傷礙父母。倘有不法之人敢傷礙父母者，百日內死在海中，肉體浮在海面上，骨骸則沉入海底」。第四誓強調：「入洪門之後，洪家兄弟若看其他兄弟鬧出事來，有官兵來捉拿，須全心全意打救兄弟出關，不得阻擋，如有不法之人不肯救兄弟出關以及阻擋者，一個月他當被雷電擊斃，肉體腐爛」。

由此觀之，這些誓詞對於應該如何實踐忠義，提供了明確的規範，誓詞也清楚

圖 4　檳城義興公司總部內的梁山好漢神位
（資料來源：白偉權二〇一三年九月一日攝於檳城名英祠）

交代了未遵守誓言所將面臨的詛咒。

貳、實踐忠義是理所當然的嗎？

雖然在神明面前的宣誓對於早期人們會有很大的約束力，但是筆者也相信不遵守誓言而沒有「百日內死在海中」、「被雷電擊斃」的，一定也大有人在，且即使觸犯任何一則誓言，也會有千百種合理化的理由。因此忠義為先的價值體系雖然完整，但這可能也只能夠達到讓會眾不違背，並不見得會積極地去實踐那種理想狀態下的忠義。

另外，我們或許也可以相反的方向來思考誓詞裡頭那些違背忠義原則所帶來的惡果，這些嚴酷的詛咒也正是因為誓約實踐不易，或是經常容易被人違背，因此才產生出來的對應方式。由此看來，忠義價值觀的實踐似乎不是理所當然的，既然如此，還有甚麼樣的關鍵因素讓會眾為會黨、兄弟出生入死呢？

參、《檳城大暴動報告書》所揭櫫的真相

這個問題恰好在一八六七年英殖民政府針對檳城大暴動（Penang Riots）的調查報告書中得到解答。這起暴動衝突雙方是義興——白旗會聯盟以及大伯公會（建德堂）——紅旗會聯盟，根據口供，衝突持續了十天，且延燒至檳島許多主要村鎮，牽涉的火拼人數至少達到上千人，有近百人死亡，是檳城開埠以來最嚴重的會黨械鬥事件。雖然這起事件的起因複雜，牽涉各種利益與族群矛盾，但報告書中記載了英國警察官對於會黨領袖的對話，卻為我們揭開了會黨內部的運作之謎。

根據大伯公會領袖林明柯（音譯自 Lim Beng Kwa）的口供表示，敵對的義興公司為了鼓勵會眾在械鬥中有勇猛的表現，他們懸賞了高額的獎金，公告

圖 5　檳城大伯公會（建德堂）總部

（資料來源：白偉權二〇一三年八月廿六日攝）

若在械鬥中取得大伯公會成員的頭顱，公司將提供十二元或廿元（dollar）的獎金。至於大伯公會本身，林氏否認他們設有獵頭獎金。但由於大伯公會資金雄厚，殖民官員仍舊懷疑他們對於義興首級的獎金可能更高，達到三十元。

雖然林明柯否認懸賞人頭，但報告書還是記載了大伯公會在應付義興時，所公告的告示，其中前面四則表示，若會員在打鬥中被敵人殺死，或因殺死敵人而被政府判處死刑，公司將償付撫恤金一百八十元；若被逮捕或被放逐超過一年，其家屬將會獲得一百二十元的撫恤金；若失去四肢或失明，該員將獲得一百二十元的撫恤金。若被判入獄，他的家屬每月也會獲得五元的生活津貼。

另外比較有趣的是第五點，它表示「若會員被逮捕並判罰款，若款額不超過一百盧比（rupee），該罰款將由公司承擔，若罰款金額超過一百盧比，則讓會員去坐牢，本會將每月償付五元予他的家人。」這點清楚地揭示了會黨本身並非是無節制地去實踐他們的理想價值，而是出於資本主義的精算。

至於那些因為惰性而犯規的會眾，會黨也有明確的罰金制度，例如第六條指出，「若本會重要領袖、先生、理事或是地區堂主被政府逮捕，任何會員都必須即時營救，若會員忽視或拒絕提供救援，他將須繳付五元的罰款予本會」。第七條也提及任何傳召遲到者，都需要繳付五元的罰金。

對於上述的金額究竟反映的是甚麼概念呢？我們根據同一時期（一八七〇年代）在拿律工作的苦力薪資為參照，其月入大約是七元，因此可以得知，在械鬥中奪去敵人的一顆頭顱，所得到的廿元獎金就相當於該名苦力近三個月的收入。若是因械鬥而死亡，家屬所獲得的一百八十元撫恤金，則是一個苦力工作廿五個月的薪資了。若是每個月給其家人的五元撫恤金，其實也就表示，其家人即使不需要工作，也能固定獲得一名苦力約廿一天的工資了。同樣地，我們也可以知道，五元的罰金對一般人而言，其實已經是相當沉重的負擔，因此加強人們自律的動機。

經由上述幾點以及數字的比較可以清楚知道，為會黨械鬥其實也算是一種維生活動，若戰鬥成功，能夠取得高額獎金，若械鬥失敗，會黨也會提供相當優厚的撫恤制度，可讓人無後顧之憂地去實踐他們所倡導的「忠義」理想價值。除了無後顧之憂之外，他們所立的「戰功」甚至還可能成為他在組織內部及本地社會得以垂直爬升的契機。

肆、忠義的運作基礎：「麵包」

上述與金錢掛勾的條文內容多是強調兄弟對會內忠義（第一至六則），以及對會內指示的服從（第七則），使得「忠義」、「義氣」等價值觀不至於淪為虛無的口號，這種「理想」與「麵包」兼顧的運作方式，為忠義的價值觀在現實層面中提供了較為積極進取的運作基礎。這樣的邏輯並非本地所獨創，它與戰國時期商鞅所提出的：「斬一首者爵一級，欲為官者，為五十石之官；斬二首者爵二級，欲為官者，為百石之官」做法如出一轍。

當然，筆者並不否認過去人們對於傳統社會價值的堅持，而只是反思今人普遍對於過去或是歷史事務賦予了過度的想像。事實上，古人也與今人相差不遠，沒有甚麼特別之處，只是所處的條件因素不同，使其展現出來的表像有所不同而已。若對這點有所體認的話，那麼看待社會科學的意義就不會只是停留在聆聽好聽的故事，而將會更進一步地達到藉古通今的成效，成為一門實用的學科。

延伸閱讀與參考資料

Doyle, Patrick. 1879. *Tin Mining in Larut*. London: E. & F. N. Spon.

The Penang Riots Commission Reports

莊欽永（1996），《實叻峨嘈五虎祠義士新義》，新加坡：南洋學會。

麥留芳（2017），《百年虛擬幫會》，吉隆坡：華社研究中心。

賀喜、科大衛（2023），《秘密社會的秘密》，香港：中華書局。

蕭一山編（1965），《近代秘密社會史料》，臺北縣：文海。

韓非，《定法》。

三

拿律礦工一頓飯所連結出的地理關係

吃一頓飯是我們日常生活必須完成的小事，你可曾想過一百多年前拜別唐山來到南國築夢的華人勞工，他們伙食的面貌？本章我們就來看看當時馬來半島最大的礦區——拿律，當地的礦工平常到底吃些甚麼？更重要的是，他們平常的一頓飯，如何潛移默化地影響其他地方的地理角色以及促成地與地之間的共生關係？

一頓飯能對其他地方造成影響聽起來好像有點誇張，然而若是成千上萬的人一天三餐的伙食都大致相同的話，那麼這頓飯的影響力就非常大了。礦工飯碗中的食物之所以重要，原因在於錫礦業是勞力非常密集的產業，據一八七〇年代的統計，拿律規模約廿多英畝的礦場，人數可以達到三百人，[1]反觀以胡椒、甘蜜種植為主的農業區——柔佛，一個達五十英畝的園丘（相當於廿八個足球場草坪的大小），所需要的勞動力只有九至十人。[2]

拿律是一百多年前全馬最大且最重要的錫礦產區，在一八七二年初拿律人口達到飽和時，華人人口估計就有四萬人，[3]一八七九年拿律戰爭之後，該縣也有一萬七千多人，[4]而當時期（一八八一年）整個檳城對岸的威省（Province Wellesley）華人人口的總和，也只有二萬二千多人。

拿律雖然人多，但約八成的人口都從事礦業，當地馬來人的稻作面積不大，無法應付需求，因此礦區華人所需的糧食大部分都必須仰賴進口，換句話說，礦區無法自給自足的特性已構成一個龐大的市場，成為推動本區商品經濟的重要驅動力之一。

那麼，究竟在當時是哪一些食物對其他地方帶來影響呢？在解答這個問題之前，我們先來看看拿律礦工們飯碗裡頭到底裝了些甚麼？

壹、拿律礦工碗裡的食物

雖然目前尚未找到專門記載本地早期庶民飲食細節的紀錄，所幸我們還能從一八六〇至七〇年代拿律戰爭期間，一些受害者向英國警方報失的物品中一窺當時人們的伙食內容。其中 Ung Ah Sin 和伍庚辰兩名礦主的清單列得較為

1 Doyle, Patrick. 1879. *Tin Mining in Larut*. London: E. & F. N. Spon. Pp. 7-8.

2 Jackson, C. James. (1968). *Planters and speculators: Chinese and European*

3 C.1111 Correspondence relating to the affairs of certain native states in the Malay Peninsula, *in the neighbourhood, 1874. P. 121.*

4 *Singapore and Straits Directory for 1881*. Singapore: Mission Press. P. 95.

詳細，在糧食方面，Ung Ah Sin所報失的有米（約二千四百公斤）、鹹魚（約三十二公斤）、鹹豬肉（約四十二公斤）以及鹹蝦（兩瓶）。伍庚辰則表示遺失了米（約三千六公斤）、魚（約五公斤）、鹹魚（四籮）、豬（七頭）、禽畜（五十隻）、蝦米（約五公斤）、鹹蝦（三罐），以及鹹魚（約十六公斤）。[5]

從上面的物資來看，白米、鹹魚、豬、雞鴨、蝦米、鹹蝦都是礦工重要的糧食。它們之中，白米、雞、豬和鹹魚所佔的比重是最大的，至於他們的日常如何吃？如何搭配料理？我們無從得知。但是霹靂副參政司史必迪上尉（Captain Speedy）於一八七四年底向海峽殖民地總督提呈的拿律施政報告書當中，至少為我們提供了較明確的解答，原來白飯配上鹹魚就是拿律一般礦工最常吃的一餐！

他甚至在報告中斬釘截鐵地表示，當地華人所出現的一些常見的疾病，就是因為吃太多鹹魚所致！[6]事實上，Speedy所見的並非是孤立個案，根據伯治（Birch，未來的霹靂參政司）同一時期（一八七四）對於雙溪烏絨（今芙蓉一帶）礦場的記錄，也提及當地的糧食也是以白飯、鹹魚為主。[7]此外，在一八七四年瑞天咸（Sir Frank Athelstane Swettenham）與畢麒麟（William Alexander Pickering）等人到拿律一帶安排戰後社會秩序時，他們吃的主要也是白飯和鹹魚。[8]當然鹹魚之外可能也有搭配青菜、辣椒等等的食材，但從上述記載可以確定的是，鹹魚與白飯是礦工日常生活中最主要的伙食。

---

5 CO273-5 Straits Settlements, Original Correspondence. Pp. 493-495.

6 C.1320 Further correspondence relating to the affairs of certain native states in the Malay Peninsula, in the neighbourhood of the Straits Settlements, 1875. Pp. 78-81.

7 Birch, James Wheeler Woodford. 1976. *The Journals of J. W. W. Birch: First British Resident to Perak, 1874-1875*. Kuala Lumpur; London: Oxford University Press. P. 43.

8 Swettenham, A. Frank. 1975. *Sir Frank Swettenham's Malayan journals, 1874-1876*. Kuala Lumpur, New York: Oxford University Press. P. 17.

圖 6 漁村內曬製的鹹魚

（資料來源：林愛莉二〇一七年九月廿三日攝於牛拉）

貳、白飯與鹹魚

白飯本來就是閩粵華人的主食，至今亦然，因此並不稀奇，比較特別的是與飯搭配的食材——鹹魚。鹹魚在紀錄中的量雖然不多，但卻超越雞、豬成為當時礦工的主食，原因在於鹹魚是經過脫水曬乾的食材，因此三十二公斤的鹹魚數量是很大的，它會比七頭豬更能喂飽礦工們的肚子。

此外，鹹魚由於味道較重，所以少量的鹹魚可以搭配大量的白飯，對於烈日下從事體力勞作的礦工而言，是補充肉類蛋白質、鹽分，以及追求飽足感的來源。雖然鹹魚的功能十分「應景」，但是鹹魚的出現更多是出於成本的考量，經過醃製的鹹魚在沒有冷藏技術下能長久保存，且可大量進購，是成本低廉的肉類，因此獲得頭家、礦主們的青睞。那麼，究竟礦工簡單的一餐白飯、鹹魚如何對周邊地方造成影響呢？

參、白米需求對周邊的影響

白米方面，礦區龐大的米糧需求也促成了本地區的區域分工，拿律稻米大多由居住在檳城的礦場股東所提供，有趣的是，這些礦場股東也是米較商，他們也因為礦區的利益而注資拿律，鞏固米糧銷路。透過這層關係，我們可以看到檳城最重要的米商家族，像是林清德（林／潘興隆之子）、陳西祥（林寧綽之妻）、林耀椿（林寧綽次子）在早期拿律廟宇都出現捐款紀錄。

由於檳城產米不多，因此這些米較商從威省、吉打、北霹靂的吉轄，甚至暹羅、緬甸等地進口，經過碾米加工之後，才出口到拿律。[9] 雖然拿律不是檳城稻米貿易的唯一市場，但它的市場比重強化了這些地區作為稻米產地的地理角色，同時也鞏固了檳城作為轉口貿易中心的地位。

肆、與礦區共生的華人漁村

同樣地，拿律礦工飯碗中的鹹魚也為另一個地區造成影響。雖然拿律海岸原來就有一些馬來漁村，但是馬來漁民的魚獲無法補足以供應龐大的市場需求，因此吸引華人來此業魚，進而使沿海地帶冒起許多大大小小的漁村，改變原有的地景。

由於鹹魚是重要的消費品，因而也與鴉片、酒、當鋪、賭場等經濟項目並列，成為拿律地區的餉碼內容，[10]這些漁村的鹹魚餉碼也是由拿律礦場的股東所控制，他們也是檳城的公司（會黨）領袖。

---

9 Wu Xiao An. 2010. *Chinese Business in the Making of a Malay State, 1882-1941*: Kedah and Penang. Singapore: NUS Press. P. 145.

10 *Straits Times Overland Journal*, 19 August 1879, Page 3.

圖 7　馬來半島北部的稻田

（資料來源：白偉權攝於二〇一二年一月廿七日）

在一八七〇年代拿律戰爭之前，當地岸外就已經出現的漁村有瓜拉古樓（Kuala Kurau），它在一八七四年就已經有約三百名漁民，[11]是本地最大的漁村。古樓漁民和海山礦區擁有結盟的關係，一八六〇年代戰爭中逃亡檳城的義興首領曾在此被抓，一八七〇年代的戰爭中，這個漁村也作為接濟海山礦區物資的基地。[12]另一個福建人為主的漁村是直落魯比亞（Teluk Rubiah），至少在一八六〇年代就已經存在。

再來是潮州人為主的角頭漁村，它至少在一八五〇年代便已經存在，到了一八八〇年代末曾有百多名漁民。拿律岸外其他在一八七〇年代中以前便已經出現的華人漁

---

11 Swettenham, A. Frank. *Sir Frank Swettenham's Malayan journals, 1874-1876*. P. 16.

12 C.1111 Correspondence relating to the affairs of certain native states in the Malay Peninsula, in the neighbourhood, 1874. P. 45.

村還有 Sg. Ayer Mati、牛拉、Kelumpang、Selinsing、老港、Sg. Sangga Kecil、十八丁，及大直弄等。[13]

時至今日，雖然拿律礦區已經不復存在，太平也有嚴重人口外流的現象，但是曾經的繁榮卻也令該區岸外留下許多的漁村，他們至今有的沒落消失、有的茁壯成長，有的甚至擴散至附近地區。

拿律礦區與岸外漁村的共生關係當然不是孤立的個案，環顧馬來半島西海岸的漁村，我們很容易發現這一線的華人漁村大多集中在中北馬礦業曾經興盛一時的地區，特別是雪蘭莪和霹靂沿海，足見礦區龐大市場需求對漁村形成的影響力。

---

13 Birch, James Wheeler Woodford. *The Journals of J. W. W. Birch: First British Resident to Perak, 1874-1875*. Pp. 245-247; Dew, A. T. 1891. The Fishing Industry of Krian and Kurau, Perak. Journal of the Straits Branch of the Royal Asiatic Society. 23: 95-122.

圖 8　太平十八丁的漁村
（資料來源：白偉權攝於二〇一二年六月七日）

我們生活中的一頓飯看起來毫不起眼，但卻可能潛移默化地影響著周遭或是地球上另一個角落的地理角色，並連接出地與地之間的緊密關係。鹹魚配白飯，一個我們已經淡忘的主食，在百年前卻因為環境、成本與技術的考量而在拿律礦工的餐桌上扮演了重要角色。更重要的是，這碗簡單的鹹魚白飯強化了檳城作為區域貿易核心，威省、吉打等地作為稻米產區的地理角色，同時也令岸外紅樹林地區興起一座座的華人漁村，形成一種區域分工的現象。

回頭想想，我們今天的一餐，又對周邊的地理環境帶來甚麼樣的影響呢？

延伸閱讀與參考資料

Birch, James Wheeler Woodford. 1976. *The Journals of J. W. W. Birch: First British Resident to Perak, 1874-1875*. Kuala Lumpur; London: Oxford University Press.

C.1111 Correspondence relating to the affairs of certain native states in the Malay Peninsula, in the neighbourhood, 1874

C.1320 Further correspondence relating to the affairs of certain native states in the Malay Peninsula, in the neighbourhood of the Straits Settlements, 1875

CO273-5 Straits Settlements, Original Correspondence.

Dew, A. T. 1891. The Fishing Industry of Krian and Kurau, Perak. *Journal of the Straits Branch of the Royal Asiatic Society*. 23: 95-122.

Doyle, Patrick. 1879. *Tin Mining in Larut*. London: E. & F. N. Spon.

Jackson, C. James. 1968. *Planters and speculators: Chinese and European agricultural enterprise in Malaya, 1786-1921*. Kuala Lumpur: University of Malaya Press.

Revenue of Perak. 1879, August 19. *Straits Times Overland Journal*, P. 3.

Singapore and Straits Directory for 1881. Singapore: Mission Press.

Swettenham, A. Frank. 1975. *Sir Frank Swettenham's Malayan journals, 1874-1876*. Kuala Lumpur, New York: Oxford University Press.

Wu Xiao An. 2010. *Chinese Business in the Making of a Malay State, 1882-1941: Kedah and Penang*. Singapore: NUS Press.

四

拿律礦工吞雲吐霧間所促成的邊區開發

前一章講述了拿律礦工日常的一餐鹹魚配白飯如何因為龐大的需求而促成拿律與周邊地區的區域分工，進而逐漸影響了附近地區所扮演的角色。本章所要關注的是拿律礦工飯後的一口煙——鴉片。在一八七〇年代英國剛接管拿律時，一石的白米和鹹魚市價分別為四元二毫以及六元，但是一球（〇點〇三石）的鴉片卻要價十八元，[14]可想而知鴉片的單位價格遠比糧食來得高。那麼，成千上萬名礦工每天吞雲吐霧的習慣，又會對區域帶來什麼樣的影響？

壹、邊區開發是否理所當然？

在十九世紀中葉以前，海峽殖民地檳城、馬六甲、新加坡是本區商業發達、華人聚集的國際貿易港市（圖9），對當地許多的華人而言，馬來半島內陸仍然是一片混沌未開，充滿瘴癘的化外之地，若非不得已，一般人並不太有意願前往生活。在尚未發現錫礦之前的拿律，正是屬這類核心港市以外的邊區。在發現錫礦之後，華人才開始進入這些邊區。

雖然錫礦業在今人眼中是一項穩賺的產業，但是對當時居於貿易港市的華人頭家（資本家）而言並不見得如此，因為錫礦資源本身蘊藏量以及分佈有很高的不穩

14　Doyle, Patrick. 1879. *Tin Mining in Larut*. London: E. & F. N. Spon. P. 10.

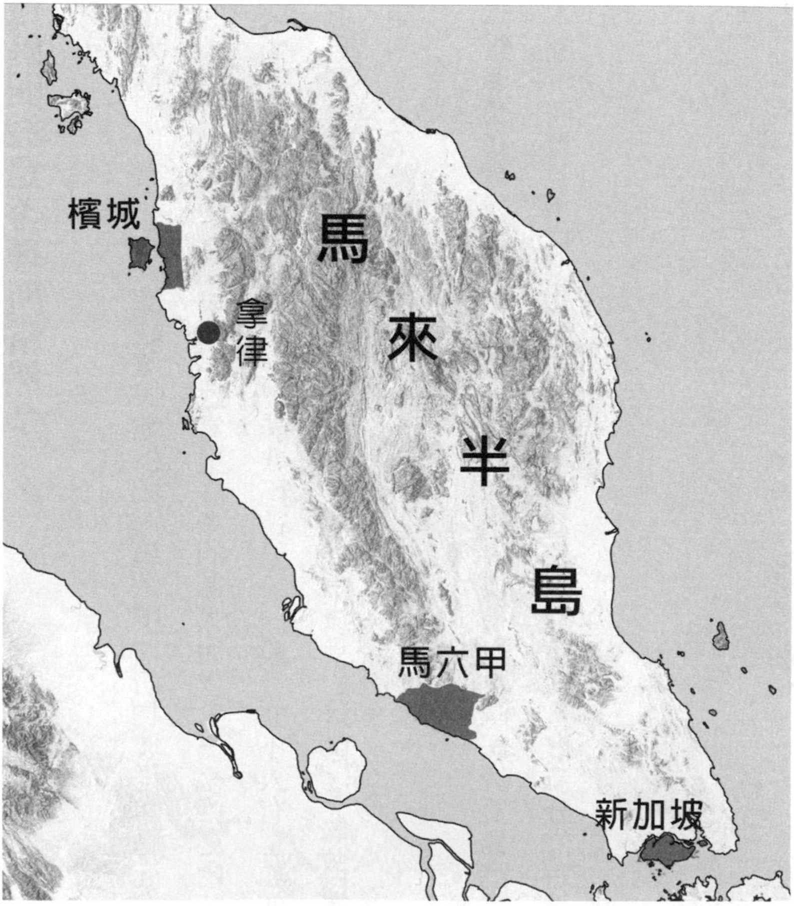

圖 9　馬來半島地區的貿易港市
（資料來源：白偉權繪）

定性，礦場的探地、清芭（森林）、搭建工寮及公司厝也需要大量的資金，構成沉重的經濟負擔。此外，在礦場尚未獲利前，頭家還需要先負擔大量的勞力成本，包含礦工們的招募費用、礦場人員的工資，以及每天的伙食等。再者，即使礦地順利開挖，錫礦的價格也經常受到市場的供需而有所波動。

由此看來，投資錫礦就像是走鋼線，獲利則大富大貴，失利則掉入萬丈深淵，各種記載上便有許多礦場因上述因素而倒閉、易手的案例。因此投資像拿律這類礦業邊區對當時貿易港市的頭家而言，仍有著許多的風險考量，並非必然趨之若鶩。但是，若將鴉片作為錫礦的「搭檔」共同作為投資考量的話，卻能夠在此過程中降低頭家的投資風險，讓原來不穩定的形勢「華麗轉身」，甚至成為包賺的產業。究竟這項商品有甚麼能耐？答案可能隱藏在拿律礦工的日常生活習慣當中。

貳、鴉片與礦工的日常生活

抽鴉片雖然表面上是華人普遍的習慣，但鴉片的消費者其實有明顯的階級之分，根據十九世紀新加坡英商約翰安德遜（John Anderson）對馬來亞地區的考察，經濟條件較好的土生華人吸食鴉片的比例較小，大約不超過百分之七點五，[15]反倒是社經條件較低的新客勞工才是消費的大宗！

對許多礦工而言，他們或許可以不進食，但絕不能少抽一次鴉片，因此苦力的日常生活少不了鴉片。在礦地工作的苦力礦工必須抵受日曬雨淋，以及長時間泡水，他們在這種惡劣環境底下幸苦工作後其實沒有其他的娛樂，因此抽鴉片成為礦工們最簡單快樂的享受，藉一口鴉片忘卻苦悶消解憂愁，也紓解一天的疲憊。更有許多人在飯前、飯後以及休息時，都需要抽上一口鴉片，正可謂飯後一口煙，快活似神仙。除了本身的鴉片癮之外，當時的人們也以鴉片來緩解病痛，特別是痢疾、瘧疾、腳氣病等疾病。[16]

對於當時拿律的礦工普遍吸食鴉片的情形，英國礦業工程師Doyle在一八七〇年代末到訪拿律時，也忍不住記載了下來，他說到礦工白天工作，晚上藉由煙槍抒解一天的疲勞。除了拿律礦區之外，Pasqual在雪蘭莪礦工宿舍的所見也做了記錄，他見到礦工們的睡墊旁放置了幾樣私人物品，有茶壺、鴉片煙槍以及用作照明及點燃鴉片的燈火，從這些配置可以見到鴉片對邊區礦工的重要性。[17]在拿律一八七四年底的稅收當中，鴉片便有約一萬八千元，佔了該年稅收份額的百分之十八，僅次

15 Royal Commission on Opium. 1894. First report of the Royal Commission on Opium. London: H.M. Stationery Office. P. 173.

16 Trocki, A. Carl. 1990. *Opium and Empire: Chinese Society in Colonial Singapore, 1800-1910*. Ithaca; London: Cornell University Press. Pp. 302-303.

17 Pasqual, Joseph Christopher. 1895. Chinese Tin Mining in Selangor I. *The Selangor Journal: Jotting Past and Present*. 2(4): 25-29.

於錫礦稅的百分之六十九。[18]在一八九〇年代末，拿律有約百分之七十五的礦工有吸食鴉片的習慣。

參、邊區鴉片買賣的潛規則

雖然鹹魚白飯和鴉片一樣都是礦工日常不可或缺的物品，但所不同的是，前者大多是由頭家、礦主所負擔，後者則是礦工自費向礦場頭家購買，因此拿律數萬名礦工每天吞雲吐霧的習慣，無形中成為了頭家獲利的龐大消費市場。按照當時的潛規則，有份投資礦場的頭家，便有權壟斷礦場內部的鴉片銷售，在此情況下，礦工不被允許在其他地方購買礦場已經有售賣的產品。除了鴉片之外，其他日用品當然也在壟斷項目之列，但仍以鴉片的銷量最大，[19]獲利最高。

不僅如此，當時的潛規則也允許頭家以較高的市場價格向礦工販售鴉片，根據霹靂首任參政司伯治（J. W. W. Birch）的記載，在一八七五年，拿律礦工所購買到的鴉片，就比原來的價格貴了約百分之七十七。[20]換句話說，礦場頭家所負擔的開礦成本雖然高，但是從左手支付給礦工的工資，在右手又可以藉由鴉片的銷售來回收礦工們的生產所得，從而也提高了經營礦場的邊際利益。這樣的制度使得頭家們在這些日常必須品提供的回酬率每年高達百分之三十六。[21]

由此可見，殖民港市的頭家們注資開發馬來半島邊區之後，並不只是單純經營

18 C.1320 Further correspondence relating to the affairs of certain native states in the Malay Peninsula, in the neighbourhood of the Straits Settlements, 1875. P. 77.

19 Doyle, Patrick. *Tin Mining in Larut*. P. 10.

20 Birch, James Wheeler Woodford. 1976. *The Journals of J. W. W. Birch: First British Resident to Perak, 1874-1875*. Kuala Lumpur; London: Oxford University Press. P. 220.

21 Doyle, Patrick. *Tin Mining in Larut*. P. 9.

礦業，他們也同時擴張了商品消費市場。根據海峽殖民地年鑒，在一八八一年，拿律縣的華人就有一萬七千三百五十八人，[22]不僅超越了當時威省的一萬四千人，也直逼檳島的二萬二千七百二十人，[23]而這已經是拿律戰爭後人口大量減少及外流的數字了。因此掌控了檳城的鴉片來源，便等同於同時掌握了拿律的龐大市場。在此情況下大大提高了資本家的投資意願，有許多人都競相投資礦場以作為產品傾銷的目的地。因此可以看到檳城許多擁有厚實經濟和社會勢力的鴉片包稅商在拿律都擁有巨大的礦業利益，例如大伯公會的邱天德家族、和勝會的辜上達家族、義興的胡維棋等人。[24]一些經營礦業起家的拿律礦主，也投身於鴉片包稅活動之列，例如海山會的鄭景貴、義興—和合社的陳亞炎等人（圖10）。前述所提及的人都是馬來西亞歷史上著名的檳城頭家、公司領袖，在拿律的廟宇、義山也經常能夠見到來自他們及其家族的捐獻記錄。

誠如澳洲學者 Trocki 所言，鴉片是驅動整個東南亞華人資本主義（Chinese

capitalism）與商品經濟的重要商品，它的消費加速了核心港市資金向內陸邊區的挹注，成為邊區開發的重要推手。[25]對礦業邊區拿律而言，礦工們在吞雲吐霧間，正加速了檳城與拿律之間的資金運轉，然而無奈的是，礦工所賺取的薪資也在換取鴉片的過程中化為推進邊區開發的養分，消溶在拿律的土壤之中。

---

22 *Singapore and Straits Directory for 1881*. Singapore: Mission Press. P. 95.

23 *Singapore and Straits Directory for 1881*. P. 40.

24 Wright, Arnold., & Cartwright, H. A. (eds.). 1908. *Twentieth Century Impressions of British Malaya: Its History, People, Commerce, Industries, and Resources*. London: Lloyd's Greater Britain Publishing Company. Pp. 152-161.

25 Trocki, A. Carl. 2002. Opium and the Beginnings of Chinese Capitalism in Southeast Asia. *Journal of Southeast Asian Studies. 33: 297-314*.

圖 10　鄭景貴（左上）、邱天德（右上）
辜上達（左下）、陳亞炎（右下）

（資料來源：鄭景貴、陳亞炎：白偉權二〇一五年一月廿八日攝於馬登綏靖伯廟。邱天德、辜上達：Wright, Arnold., & Cartwright, H. A. (eds.). 1908. *Twentieth Century Impressions of British Malaya: Its History, People, Commerce, Industries, and Resources.* London: Lloyd's Greater Britain Publishing Company. Pp. 155, 755.）

延伸閱讀與參考資料

Birch, James Wheeler Woodford. (1976). *The Journals of J. W. W. Birch: First British Resident to Perak, 1874-1875*. Kuala Lumpur; London: Oxford University Press.

C.1320 Further correspondence relating to the affairs of certain native states in the Malay Peninsula, in the neighbourhood of the Straits Settlements, 1875

Doyle, Patrick. 1879. *Tin Mining in Larut*. London: E. & F. N. Spon.

Pasqual, Joseph Christopher. 1895. Chinese Tin Mining in Selangor I. *The Selangor Journal: Jotting Past and Present*. 2(4): 25-29.

Royal Commission on Opium. 1894. First report of the Royal Commission on Opium. London: H.M. Stationery Office.

Singapore and Straits Directory for 1881. Singapore: Mission Press.

Trocki, A. Carl. 1990. *Opium and Empire: Chinese Society in Colonial Singapore, 1800-1910*. Ithaca; London: Cornell University Press.

Trocki, A. Carl. 2002. Opium and the Beginnings of Chinese Capitalism in Southeast Asia. *Journal of Southeast Asian Studies*. 33: 297-314.

Wright, Arnold., & Cartwright, H. A. (eds.). 1908. *Twentieth Century Impressions of British Malaya: Its History, People, Commerce, Industries, and Resources*. London: Lloyd's Greater Britain Publishing Company.

五

疫情即生活：十九世紀的華人、礦工、腳氣病

二〇二〇年年頭伊始，新冠病毒疫情已經成為人們生活中的一部分，所有人的生活節奏都因為這次疫情而出現調整。由於病毒傳染力強，亦能致死，使得這期間人心惶惶，深怕自己就是下一個被公佈的確診案例。現今醫學發達，這樣的不安感對於時下社會大眾而言，或許是陌生且刻骨銘心的。不過，若把我們的目光放到過去，這種恐懼或許是早期華人先輩的日常生活寫照。

本章，我們來看看一百多年前拿律地區所發生的瘟疫，對於疫情，民間如何反應？政府又如何應對？拿律是馬來半島典型的邊區華人社會，拿律的經驗，或許是

我們用來理解當時馬來半島疫情歷史的窗口。

壹、拿律地區的腳氣病

早期拿律華工所面臨的是一個十分嚴峻的環境，由於衛生、營養條件不佳，以及氣候的不適應，導致疾病肆虐，連帶也造成了驚人的死亡率。根據一八七四年拿律馬來封地主卡伊布拉欣（Ngah Ibrahim）表示，在一般清理森林的時候，都會有百分之十至二十的苦力死亡，而礦區剛開發初期，死亡率甚至可以高達百分之五十。[26]因此，面對死亡、接觸死亡對當時的人而言，已是家常便飯。那麼，究竟是什麼疾病造成當時的華工大量死亡呢？

---

26 C.1111 *Correspondence relating to the affairs of certain native states in the Malay Peninsula, in the neighbourhood*, 1874. P. 149

根據記錄，對拿律華工造成最大困擾之一的疾病便是腳氣病（beri-beri），翻查跟拿律有關的疫情報導，多是與腳氣病有關的新聞。拿律至少在一八八一年、一八八二年、一八八三年及一八九〇年都有爆發腳氣病的記錄。在一八八二年一篇對於太平英華醫院的報導中，也揭櫫了拿律腳氣病肆虐的情形，當年醫院所處理的三千〇六十八宗病例當中，便有二千五百〇一宗屬腳氣病，換句話說，超過百分之八十的住院者都是腳氣病患。[27]

此外，根據一八九五年霹靂政府憲報（Perak Government Gazette）的資料，腳氣病更是霹靂幾項重大疫情當中，患病人數佔比最高的疾病。報告資料指出，在一八九四年，腳氣病病例便達到三千五百二十七起，佔了該年所有病例的百分之三十三點五。緊接著是瘧疾，達到二千五百七十八起，佔了百分之廿四點一，比腳氣病少了近一千起。

以當時已經是醫療條件較好的年代而言，全霹靂腳氣病的致死率仍然有百分之十八點三，僅次於傷寒（百分之六十八）和痢疾（百分之三十八點一），唯需注意的是，感染傷寒和痢疾的病患遠低於腳氣病，前者僅廿五宗、後者一千四百八十七宗。在該份憲報之中，政府還特地製作了獨立的表格來呈現腳氣病。數據指出光拿律一地，死亡率便高達百分之十八！[28]相較之下，截至二〇二〇年五月份，新冠病毒在大馬所造成的死亡率僅百分之一點七。

除了腳氣病之外，一八八三年的太平也曾爆發霍亂疫情，一天內就有三十個人死亡。[29]雖然我們沒有其他平行的資料呈現出早年拿律的所有流行病，但腳氣病至少是一個當時候人們熟悉，且值得我們關注的疾病。那麼，腳氣病是什麼疾病？為

---

27 (1883, October 20). Report on Perak for 1882. *Straits Times Weekly Issue*, p. 5. Retrieved from https://eresources.nlb.gov.sg/newspapers/Digitised/Page/stweekly18831020-1.1.9

28 *Perak Government Gazette 1895*, p. 185.

29 (1883, July 12). *Straits Times Weekly Issue*, p. 2. Retrieved from https://eresources.nlb.gov.sg/newspapers/Digitised/Page/straitstimes18830712-1.1.2

何它會成為拿律華人的首要殺手呢？

貳、腳氣病是什麼？

腳氣病是一種缺乏維生素B1所導致的一種疾病，患病者會出現精神不振、感官功能衰退、體重下降、心率失常、全身浮腫、乏力等的臨床表現。一般而言，腳氣病的發生與人們的飲食習慣有關，特別是在以精製米食為主食的東方國家，人們在碾米過程會除去含有維生素B1的米糠的部分，以延長保存期限和增加口感。在沒有補充其他維生素的情況下，便會造成維生素缺乏症，引發腳氣病。這個事實雖然看似簡單，但它是直到一九〇一年才為人所知。

一般而言，腳氣病在貧苦階級比較常見，相較於富人，貧苦階級普遍未有能力取得其他的糧食，從其他肉類、蔬果等攝取所需的維生素。拿律之所以出現針對華人的腳氣病，其原因與當地礦場管理與華工的飲食習慣有關。[30]

採礦活動是勞力高度密集的產業，許多礦場有著大量的勞工。在礦工們的日常飲食方面，根據當時霹靂副參政司史必迪（Speedy）、工程師戴爾（Doyle）等人在一八七〇年代的考察報告都指出，白米是拿律礦工們的主食，而鹹魚則是他們最常吃的配菜。[31]

這樣的飲食搭配其實有他的合理性，因為白米是華人基本的主食，鹹魚方面，則無論是在進購成本、運輸成本及保存成本上，都符合礦主利益。此外，

---

30 Kenneth J. Carpente. 2000. *Beriberi, White Rice, and Vitamin B: A Disease, a Cause, and a Cure*. California: University of California Press. Pp. 66-67.

31 C.1320 *Further correspondence relating to the affairs of certain native states in the Malay Peninsula, in the neighbourhood of the Straits Settlements*, 1875. P. 81.; Doyle, Patrick. 1879. Tin Mining in Larut. London: E. & F. N. Spon. P. 10

鹹魚的重口味，正好是礦工大量進食白飯，從而達到飽足感的最佳聖品，兩者絕配。但這樣的食物搭配也使得礦工們的營養失衡，而集體性的勞作、食物安排，也造成大量礦工染上同樣的疫病，腳氣病因此而成為礦區華人的最大殺手。

除了礦區之外，腳氣病還有另一個好發地點，即同樣有著集體性日常運作的監獄。[32]很多地方的經驗都是如此，由於監獄囚犯的飲食條件不佳，因此營養失衡時，便造成腳氣病的流行。據報導，拿律一八八一年的腳氣病疫情，就是在太平監獄爆發的。[33]由於腳氣病經常是多人同時患病，而當時的醫學知識也還未能解答腳氣病的源頭，因此為謹慎起見，多將之視為傳染病。[34]

說到誤解，也有人認為腳氣病是馬來亞高溫潮濕的環境所致，有人則認為這是水源污染引起，這樣的誤解其實與當時的時代背景有關。在一八五四年的倫敦，曾經爆發大規模的霍亂，經調查後發現霍亂源於受糞便污染的水源，這項發現不僅解答了百年來的霍亂之謎，更促成了英國等歐洲國家對於公共衛生的重視，水源與病疫自此也成了關聯詞。在一八八二年太平所爆發的腳氣病疫情，染病者甚多，政府和民間都認為此次疫情是由於水源污染所致，時任甲必丹的鄭景貴便從山上引水下來市區，希望市民有乾淨的飲用水。[35]

由此可見，腳氣病無論是在發生率和致死率都相當高，醫學上仍未有一套有效的防治方法，那麼，民間和官方使用什麼方式，來去對抗疫情的呢？

---

32 有關腳氣病的好發地點、族群，請參見：David Arnold .2010. British India and the “Beriberi Problem”, 1798–1942. *Medical History*. 54(3), 295-314.

33 (1881, November 28). *Straits Times Overland Journal*, p. 5. Retrieved from https://eresources.nlb.gov.sg/newspapers/Digitised/Page/stoverland18811128-1.1.4

34 (1881, November 28). *Straits Times Overland Journal*, p. 5. Retrieved from https://eresources.nlb.gov.sg/newspapers/Digitised/Page/stoverland18811128-1.1.4

35 (1883, March 26). A Few Weeks with the Malays IV. *Straits Times Weekly Issue Straits Times Weekly Issue*, p. 7. Retrieved from https://eresources.nlb.gov.sg/newspapers/Digitised/Page/stweekly18830326-1.1.11

參、民間對於疫情的反應

受限於歷史材料，我們對拿律民間抗疫的細節掌握仍然有限，不過我們在有華人的聚落當中，必然能夠見到中藥店的蹤跡，像是鄭景貴的生意夥伴，著名僑領戴喜雲，便是拿律著名藥局杏春堂的東主，在主要的廟宇如何仙姑廟、綏靖伯廟，都能見到他的參與蹤跡。戴喜雲在拿律發跡後也受委任為清廷駐檳榔嶼副領事。藥行作為華人民間醫療系統，想必在疫症爆發期間，他們應該也扮演要角。

太平文史研究者李永球也指出，當地曾經在一九一三年曾爆發「老鼠症」疫情，人們在疫情期間也會將搗碎的蒜頭用毛巾包裹、覆蓋在鼻子上，他們也會煮涼茶來解暑去疫。[36]

在疫情發生時，民間信仰同樣也發揮作用，像是在太平何仙姑廟宣統元年（一九〇九年）《重修本廟碑記》中所提及的「方藥應靈」，便隱約透漏了其醫療的功能。太平另一間供奉九皇大帝的百年老廟——古武廟，或許也與瘟疫有關。據廟方的記錄，這間廟宇的香火是由王翼魚由暹羅普吉礦區帶入。[37]在普吉島，該信仰的興起也是因為當地瘟疫流行，因此礦主才舉辦九皇齋、繞境等儀式藉以遏制疫情。[38]

另一方面，從普吉分香至吉隆坡安邦的九皇爺信仰，也是因為礦區瘟疫而來。至於礦區九皇齋的風俗是否與其他營養攝取有關？太平的九皇爺是否是因為瘟疫而引進？尚需要更多的材料來加以證明。但至少可以確定的是，神明絕不會將患病者拒於門外。

36　李桃李，（2020年4月1日）：〈歷史上瘟疫的防範措施〉。《星洲日報．言路版》。

37　李永球（1993），〈九皇大帝與秘密幫會〉，《九皇出巡：太平古武廟建造紅輦紀念特刊》，太平：古武廟鬥姥宮。

38　李豐楙（2018），《從聖教到道教：馬華社會的節俗、信仰與文化》，臺北：臺大出版中心。頁236。

圖 11 太平供奉九皇大帝的古武廟

（資料來源：白偉權攝於二〇一五年七月三十一日）

當然，民間信仰的治病功能，不僅限於太平，而是早期華人社會的普遍現象，像是檳城福德正神廟上方的同慶社神農大帝殿前的題字柱子，其上便銘刻了信眾溫文旦因病得到神助而痊癒的答謝文：「乙丑十月從吉礁歸患胃弱病粒食難下……中西醫藥罔效……因虔禱于神農聖帝神前蔔筊求治准以爐丹和玉桂長服不三日而飲食大進……」[39]

在中馬地區加影（Kajang）的師爺宮，裡頭也能看到光緒二十四年（一八九八年）留下的磨藥器材。另，許多廟除了一般求籤筒之外，也會設有藥籤筒，民眾可以根據求得的籤，去找籤中所指示的藥材。筆者甚至還在柔佛麻坡（Muar）的武吉巴西（Bukit Pasir），見到「內科」、「外科」這些具有專業分科的藥籤筒。

39　有關同慶社神明會的詳細資訊詳見：陳耀威（2019），〈同慶社考察，檳城閩南人古老的拜神會組織〉，收錄於陳益源編《2019 閩南文化國際學術研討會論文集》，金門：金門縣文化局。頁 377-398。

圖 12 | 麻坡武吉巴西真人宮的內科、外科藥簽

（資料來源：白偉權攝於二〇一三年八月十九日）

總體而言，民間在疫情的應對方面，除了仰賴原有的華人醫療系統之外，信仰的力量亦不容忽視，無論是否真有科學根據，至少能夠安撫人們不安的心靈，效果亦相當顯著。

肆、國家對於疫情的反應

由於疫情會帶來重大的人命、經濟及財產的損失，因此面對疫情，政府的擔憂並不亞於民間。政府對於疫情的反應與民間有很大的反差，他們更加是站在規劃者的角度，透過各種鋪排，來與疫情進行博弈。

一、公衛體系的規劃

由於疫情經常會發生，因此早在一八七四年英殖民政府取得拿律政權之後，便開始不斷地發展地方公衛醫療體系。每當我們打開殖民政府的檔案，像是年報或是憲報，都能夠看見殖民政府的公衛編制，亦可見到這樣的編制逐年擴大。

像是在一八八三年，霹靂便設有醫療部門（Medical）統管霹靂各地的醫療公衛事務。該組織由國家醫生（Residency Surgeon）為首，底下設有一名藥劑師（Apothecary）以及六名醫療助理（Dresser）[40]。這可算是霹靂最早的醫療體系編制了。

到了一九〇〇年，這十七年間，霹靂衛生部門持續擴大，成為擁有十六個部門，九十一名專業人員的組織，除了由國家醫生和底下四名專職官員外，霹靂每個縣都有所屬的藥劑師、醫療助理、書記、器材管理者。霹靂醫療部門還設有獸醫、一般醫院、監獄醫院、精神病院、痲風病院、港口衛生官等的組織編制。[41]

在殖民政府的建構下，醫院逐漸成為國家控制地方衛生及疫情的主要工具，至少在一八七九年太平發生衝突時，事件的死傷者已經是送到醫院去救治。[42]在一八八一年拿律爆發腳氣病疫情時，華人都被送往太平英華醫院。[43]政府也在一八八二年推行新的稅制，對每一位成年男性徵收一元的稅收，作為醫院建設用途。[44]此後，醫院成為政府控制及解決疫情的重要工具。在疫情期間，可以見到醫院爆滿的情況，[45]而根據一八八三年的報導，太平英華醫院每年共收治了約三千名病患。[46]

---

40 *Singapore and Straits Directory for 1883*. Singapore: Singapore and Straits Printing Office. P. 138.

41 *Singapore and Straits Directory for 1900*. Singapore: Fraser & Neave Ltd. P. 240-241.

42 (1879, October 18). The recent Riots in Larut. *Straits Times Overland Journal*, p. 2. Retrieved from https://eresources.nlb.gov.sg/newspapers/Digitised/Page/stoverland18791018-1.1.2

43 (1881, November 28). *Straits Times Overland Journal*, p. 5. Retrieved from https://eresources.nlb.gov.sg/newspapers/Digitised/Page/stoverland18811128-1.1.4

44 (1883, March 26). A Few Weeks with the Malays IV. *Straits Times Weekly Issue*, p. 7. Retrieved from https://eresources.nlb.gov.sg/newspapers/Digitised/Page/stweekly18830326-1.1.11

45 (1883, July 12). *Straits Times Weekly Issue*, p. 2. Retrieved from https://eresources.nlb.gov.sg/newspapers/Digitised/Page/stweekly18830712-1.1.4

46 (1883, October 20). Report on Perak for 1882. Straits Times Weekly Issue, p. 5. Retrieved from https://eresources.nlb.gov.sg/newspapers/Digitised/Page/stweekly18831020-1.1.9

市鎮管理

除了醫療機構之外，我們也能夠在政府所頒佈的一些市政管理措施當中，看見一些防疫規劃的端倪。這主要源于在英殖民政府過去的經驗當中，已經清楚瞭解到衛生及病疫之間的關係。而歐洲人普遍認為華人不良的衛生習慣是疾病發生的根源，[47]因此對於拿律這個華人市鎮的管理，殖民政府不敢掉以輕心。

像是在一八八八年，霹靂政府便頒佈了拿律市政條規（Municipal Rules Larut），其中便規定業主必須負責其房子前面五腳基和溝渠的清潔，每天需要至少清理一次。未經政府許可，不得在聚落一百碼（約九十一米）的範圍之內養豬、宰殺豬牛。在聚落二百碼的範圍內，不得使用糞肥。在供食用的水源區，不得污染。在清晨六點之後一直到晚上八點期間，挑夜香、糞肥者，在搬運過程中務必蓋好夜香桶。[48]

從這些規則可以看出，國家的力量其實已經透過公衛事務，深入民間的日常生活，改變著華人的生活習慣。值得注意的是，這個市政條規的頒佈，在時間上正好緊接著一八八〇年代初連續幾年的腳氣病疫情。而根據一八九〇年的報導，拿律地區的腳氣病開始緩解，官方認為這是國家加強衛生和醫療體系的成果。[49]在一八九一年，霹靂的出生率首次超越死亡率，[50]可謂漸入佳境。

上述所談的，主要是殖民政府對於這片病疫好發地區的規劃治理。當然，在疫情爆發期間，政府也有各種針對性的動作。

47 （1896年3月21日）：〈望葛患疫〉。《檳城新報》，3版。

48 Perak Government Gazette 1888, p. 62.

49 (1890, May 20). Perak News. *Straits Times Weekly Issue*, p. 11. Retrieved from https://eresources.nlb.gov.sg/newspapers/Digitised/Page/stweekly18900520-1.1.11

50 Perak Government Gazette 1891, p. 800.

隔離：千古不變的防疫王牌

以本文所談的拿律腳氣病疫情，由於該疫屬集體性爆發，因此當時的人都認為它是傳染病，因此特別緊張。一八八一年的拿律腳氣病便是如此，由於太平與檳城密切的社會流動關係，導致檳城也出現腳氣病病例，使得檳城官方出現禁止太平居民入境的呼聲。[51]

事實上在十九世紀當時，本地各大城鎮之間就經常因為某地爆發疫情，而採取入境管制措施。我們以一八九六年為例，在該年三月，香港爆發結核病，本地海峽殖民地政府便宣佈，凡是由香港進入三州府的船隻，都需要禁港九天。[52]同年四月，荷屬蘇門答臘巨港（Pelembang）天花流行，三州府禁港十四天。[53]同一時間，新加坡和暹羅同時發生霍亂疫情，新加坡一艘從暹羅抵港的船隻中，驚傳有人染病，該船禁港十五天。[54]隨後，新加坡殖民政府也規定暹羅船隻靠港前，須由醫生登船檢疫，才能停泊。[55]六月，中國福州至瓊州一帶爆發結核病疫情，所有當地前來海峽殖民地三州府的船隻，都需要禁港至少九天，待醫生檢疫後，才能入港。[56]同樣在六月，吉打霍亂流行，檳城也禁止來自吉打的人員。[57]

從這些新聞看來，除了可以體會當時肆虐已久的疫情之外，也可見到南洋各地人流物流往來的頻密情形，當一地疫情發生時，當時政府的做法與現今無異，主要是透過隔離的措施來阻絕疫情。

---

51 （1881, November 28）. *Straits Times Overland Journal*, p. 5. Retrieved from https://eresources.nlb.gov.sg/newspapers/Digitised/Page/stoverland18811128-1.1.4

52 （1896年3月12日）：〈局外閒談〉。《檳城新報》，3版。

53 （1896年4月23日）：〈航海兩志〉。《檳城新報》，1版。

54 （1896年4月28日）：〈誤疑禁港〉。《檳城新報》，5版。

55 （1896年5月5日）：〈時疫彙報〉。《檳城新報》，1版。

56 （1896年6月9日）：〈三州防疫〉。《檳城新報》，3版。

57 （1896年6月27日）：〈疫防傳染〉。《檳城新報》，3版。

面對目前的疫情再回看過去，我們會發現歷史並未改變，不同的只是大家的服裝不同，日曆上的日期不一樣而已。藉由拿律十九世紀的抗疫故事，可以知道疾病、疫情一直以來都是人們生活的一部分，在醫療和衛生條件相對較差的年代，面對疫情，人們同樣恐懼，但也活得更加謙卑，民間也透過各種實際和精神上的途徑來使自己免於疫症。

在政府方面，由於疫情會造成國家經濟的損失，加深治理的難度，因此政府採取了積極主動的應對姿態。從公衛體系的規劃、居住環境的管理，到阻止疫情擴散的措施，都可以見到早期的政府並不如我們想像中落後。

疫情即生活，我們今天所見到的民間傳統文化、現代國家公衛的文明進步，很多時候是民間和國家兩個層面在對抗疫情時的結果。

延伸閱讀與參考資料

(1879, October 18). The recent Riots in Larut. *Straits Times Overland Journal*, p. 2. Retrieved from https://eresources.nlb.gov.sg/newspapers/Digitised/Page/stoverland18791018-1.1.2

(1881, November 28). *Straits Times Overland Journal*, p. 5. Retrieved from https://eresources.nlb.gov.sg/newspapers/Digitised/Page/stoverland18811128-1.1.4

(1883, July 12). *Straits Times Weekly Issue*, p. 2. Retrieved from https://eresources.nlb.gov.sg/newspapers/Digitised/Page/stweekly18830712-1.1.4

(1883, March 26). A Few Weeks with the Malays IV. *Straits Times Weekly Issue,* p. 7. Retrieved from https://eresources.nlb.gov.sg/newspapers/Digitised/Page/stweekly18830326-1.1.11

(1883, October 20). Report on Perak for 1882. *Straits Times Weekly Issue*, p. 5. Retrieved from https://eresources.nlb.gov.sg/newspapers/Digitised/Page/stweekly18831020-1.1.9

(1890, May 20). Perak News. *Straits Times Weekly Issue*, p. 11. Retrieved from https://eresources.nlb.gov.sg/newspapers/Digitised/Page/stweekly18900520-1.1.11

（1896年3月12日）：〈局外閒談〉。《檳城新報》，3版。

（1896年3月21日）：〈望葛患疫〉。《檳城新報》，3版。

（1896年4月23日）：〈航海兩志〉。《檳城新報》，1版。

（1896年4月28日）：〈誤疑禁港〉。《檳城新報》，5版。

（1896年5月5日）：〈時疫彙報〉。《檳城新報》，1版。

（1896年6月27日）：〈疫防傳染〉。《檳城新報》，3版。

（1896年6月9日）：〈三州防疫〉。《檳城新報》，3版。

C.1111 Correspondence relating to the affairs of certain native states in the Malay Peninsula, in the neighbourhood, 1874.

C.1320 Further correspondence relating to the affairs of certain native states in the Malay Peninsula, in the neighbourhood of the Straits Settlements, 1875.

Doyle, Patrick. (1879). *Tin Mining in Larut.* London: E. & F. N. Spon.

David Arnold (2010). British India and the "Beriberi Problem" , 1798–1942. *Medical History*. 54(3): 295-314.

Kenneth J. Carpente (2000). *Beriberi, White Rice, and Vitamin B: A Disease, a Cause, and a Cure*. California: University of California Press.

Perak Government Gazette 1888.

Perak Government Gazette 1891.

Perak Government Gazette 1895.

Singapore and Straits Directory for 1883. Singapore: Singapore and Straits Printing Office.

Singapore and Straits Directory for 1900. Singapore: Fraser & Neave Ltd.

Wright, Arnold., & Cartwright, H. A. (eds.). 1908. *Twentieth Century Impressions of British Malaya: Its History, People, Commerce, Industries, and Resources*. London: Lloyd's Greater Britain Publishing Company.

李豐楙（2018），《從聖教到道教：馬華社會的節俗、信仰與文化》，臺北：台大出版中心。

李永球（1993），〈九皇大帝與秘密幫會〉，《九皇出巡：太平古武廟建造舡輋紀念特刊》，太平：古武廟門姥宮。

李桃李，（2020年4月1日）：〈歷史上瘟疫的防範措施〉。《星洲日報》（言路版）。

陳耀威（2019），〈同慶社考察，檳城閩南人古老的拜神會組織〉，收錄於陳益源編《2019 閩南文化國際學術研討會論文集》，金門：金門縣文化局。頁 377-398。

荷蘭國家檔案館：https://www.nationaalarchief.nl/

澳洲戰爭紀念館：https://www.awm.gov.au

六 十九世紀遊走於中國及馬來海域的雙國籍華人

近期點開中港台新聞不時都會出現某某名人政要擁有雙國籍或是入籍他國的消息。他們持有美國、加拿大、英國或澳洲護照，每當個人出現危機時，都會變換身份逃到國外，有者甚至引起國際糾紛。反觀雙國籍對於時下馬來西亞人而言，似乎是比較遙遠的事。殊不知在英殖民時期，作為英國屬地的馬來半島，這裡曾是中國人持雙重國籍的天堂，無論是今天我們想像中那些剽悍神秘的天地會成員，還是一臉鬍鬚穿著滿清官服的上層人士，他們在本地法律上都可能是名英國人！馬來西亞歷史上有名的拿律戰爭，部分天地會組織的華人便是利用英國國籍的身份，影響戰爭的走向。

壹、海洋貿易型國家的國籍認定

在談雙重國籍之前，先來了解大英帝國概念下的國籍認定。在東方許多古老的民族國家，大多奉行血統主義的身份認定，民族與國家經常被劃上等號，只要我是漢人，我就是大清的子民，只要是大清子民，就必定穿著清裝，剃髮留辮，「國籍」是寫在臉上的。但對於十六世紀便已經頻繁對外擴張的英國而言，什麼血統才能夠當英國人，並不是他們最關注的事，反觀「英國公民」能為國家做什麼事，才是他們比較關心的。「英國公民」取決於其手上的身份證明，任何膚色人種都可以是英國臣民。

早在英國的封建領主時代，城堡領地所居住的人口複雜度高，誰是我的人，除了以自然生育、血統作為判斷依據之外，只要住在我的領地，對我效忠，便是我的人，這樣的觀念早已經根植於統治者的心中。[58]

到了英國全球擴張的大航海時代，英國開拓了許多的海外屬地（圖13），這些貿易型的屬地日久之後就會延伸出一些身份上的問題，像是盎格魯撒克遜人與其他族群通婚，經歷多代之後，他們是什麼人？一些從敵對國家前來尋求英國保護者（像是法國新教徒）[59]，他們是什麼人？另外更常見的就是，久居這些英國屬地的其他種族，或從其他國家來此世居多代的，他們是否能夠算是英國人？

---

58 Song Ong Siang(1899), Are the Straits Chinese British Subjects?, *The Straits Chinese Magazine*. 3(10):62.

59 見 Foreign Protestants Naturalization Act 1708。

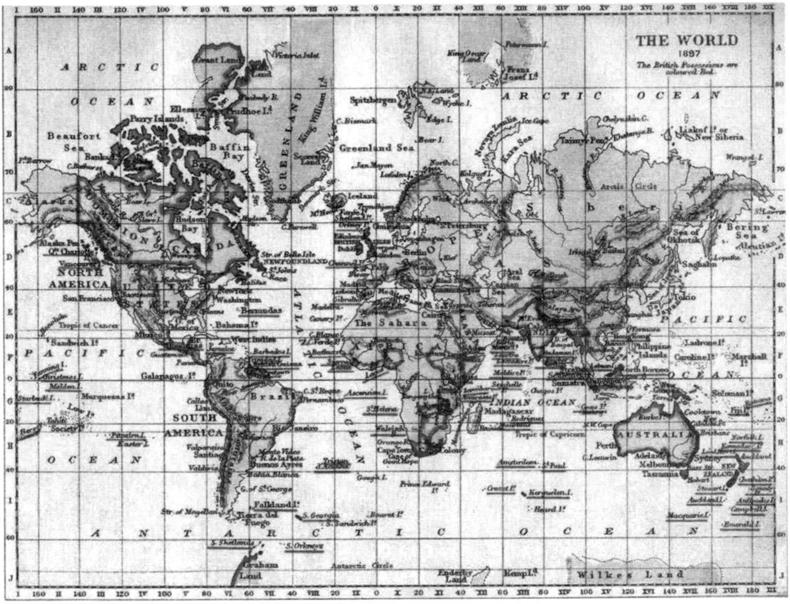

圖 13 | 一八九七年遍佈全球不同地區的英國海外殖民地
（資料來源：https://commons.wikimedia.org/wiki/File:British_Empire_1897.jpg）

為了解決這些問題，英國相當早就已經有相關的國籍法（The British Nationality Act）和歸化法（The Naturalization Act），允許符合特定資格的屬地人民入籍英國。例如在一七〇〇年到一九〇〇年之間，英國歷次增修的國籍法案至少便有十六項，[60]其國籍認定標準越來越開放健全，與它的海洋性格一樣，相當富有進取心。

貳、從天朝棄民到大英臣民

十八世紀末至十九世紀初英國來到馬來半島之後，檳城（一七八六年）和新加坡（一八一九年）相繼成為英國的殖民地，它的自由精神與較低的關稅吸引了許多周邊地區的商賈到此定居，這些商賈當然也包含了華人。當時生活在東南亞各個港市的華人，許多是明清時期中國實施海禁以來，走私出洋的華人。由於朝廷的禁令，海外華人較難返回故土，只能避居南洋，成為「天朝棄民」。經過世代繁衍，這些華人早已呈現在地化面貌。

有趣的是，這些天朝棄民對英政府而言，卻是殖民地賴以發展的樑柱。他們以殖民港市為基地，到周邊地區做生意，無形中提升了海峽殖民地的貿易地位。因此英國政府相當重視這些「棄民」，且樂於將他們視為英國臣民。[61]在此背景下，只要在海峽殖民地自然出生，或是宣誓歸化者，便可獲承認為英籍民（British

---

60 Princess Sophia's Naturalization Act 1705, Foreign Protestants Naturalization Act 1708, Naturalization Act 1711, British Nationality Act, 1730, British Nationality Act, 1772, Registration of Aliens Act 1836, Naturalization Act, 1844, Colonial Laws Validity Act 1865, Naturalization Act 1870, Naturalisation Oath Act, 1870, Naturalization Act, 1872, Turks and Caicos Islands Act 1873, Trinidad and Tobago Act 1887, British Settlements Act 1887, Foreign Jurisdiction Act, 1890, Naturalization Act, 1895。

61 彭思齊（2009），〈五口通商時期廈門英籍華民管轄權交涉 (1843-1860)〉，《政大史粹》，16:3, Home Office(2017), Historical background information on nationality(Version1.0). London: Home Office. P.8.

Subject）。

目前，就我們歷史書籍能讀到的著名土生華人，幾乎可說都是英藉民，包含檳城的邱天德、辜上達、胡泰興，新加坡的陳金鍾等人。而在一八五二年由印度大總督（Governor General of India）通過的《一八五二年印度歸化法》（Indian Naturalisation Act 1852/ ACT No. XXX. of 1852）出台之後，所有居住在東印度公司轄下的英國屬地的外籍人士都具備條件可以歸化為英籍民。

我們可以見到該法令頒布不久，海峽殖民地總督便頒授一張英籍民歸化證給新加坡潮籍甘蜜大王佘有進了，隔年總督請丘爾其（Mr. Church）寫信給佘有進（圖14），表示：

「...... *it has afforded him to enrol the name of so talented and so highly respectable a Chinese resident of Singapore amongst the naturalised British subjects*

圖 14　一八五二年受邀入籍英國的潮籍甘蜜大王佘有進

（資料來源：Song Ong Siang. 2016. *One hundred years' history of the Chinese in Singapore (The Annotated Edition)*. Singapore: National Library Board. P. 25.（照片經作者處理）

in the Straits of Malacca.」[62]

「……能夠將新加坡一位如此有才華且備受尊敬的華人居民的名字列入馬六甲海峽的英國入籍公民中，他（按：總督）感到非常滿意。」

前述這些英籍民都是縱橫馬來半島、荷屬東印度群島、緬甸、暹羅等地的貿易商，他們不僅做貿易，也控制了當地的地方社會。此外，由於這些華商與周邊土著政權關係良好，在必要時也可以成為英國與土邦的溝通橋樑。例如在一八八四年英國商船 Nicero 在亞齊岸外擱淺，船上的廿六名白人船員遭亞齊土王拘禁，檳城參政司（Resident Councillor）麥士威（Sir William Maxwell）便委請長期往來亞齊進行胡椒貿易的邱天保協助斡旋，最終成功讓所有船員獲釋。[63]由此可見，這些華人都是英殖民政府所需要的有用人民。那麼對華人而言，成為大英臣民之後，對他們有什麼好處？

參、成為英籍民有好處嗎？

有別於傳統中國對於「國民」圖像的思維，華人成為英藉民之後，並不見得需要改頭換面成為英國紳士，許多英藉民仍然維持固有的中國裝束，唯不同的是，持有英籍民身份，宣誓效忠英國君主者，無論什麼宗教、種族或膚色，均受到英國法律的保護，其權益等同於英國公民，因此對於那些經常往來各個土邦的華人而言，英國護照無疑是非常有利的謀生工具，要說它是護身符，一點也不為過。

根據吳小安的研究，在一八八〇年代就已經有許多的英籍民在吉打王國活動，他們都受到英國法律的保障。英國政府經常會干預吉打的內政，以使英籍民無論是

---

62 Song Ong Siang. 2016. One hundred years' history of the Chinese in Singapore (The Annotated Edition). Singapore: National Library Board. P. 28.

63 The Late Mr. Khoo Thean Poh. Pinang Gazette and Straits Chronicle, 10 January 1919, Page 2.

在土地轉移、稅金或關稅減免以及法律管轄權方面，都享有最惠條件和特權。[64]此外，檳城秘密會社建德堂二哥邱天保因為參與策動一八六七年檳城大暴動（Penang Riots）而被當局逮捕並驅逐出境至吉打，最終也因為他曾歸化英國而擁有天生的英籍民（natural-born British subject）的權利而被允許返回檳城。[65]

華人的英籍身份不僅能讓他們縱橫於東南亞各個土著邦國，還能使他們突破清廷的海禁。一八四二年清廷開放五口通商之後，昔日海禁政策之下的「叛徒」或「叛徒的後代」終於能夠華麗轉身，以英籍民的外國人身份在英國領事裁判權的保護傘下榮歸故里。當然，取得英國籍的華人，不見得全都如一般想象中那樣，都是紳士或乖乖牌，英籍民回到其原鄉後，有的也引發了一些治安事件，像是走私、敲詐勒索和武裝劫掠等。[66]那麼有了英國籍之後，華人的中國人或唐山人身份是否會出現矛盾？

肆、英籍民與中國政府腦海中的身份歸屬想象

關於英籍華人如何認定自己的身份歸屬，可以從他們回到原鄉後的行為加以觀察。清廷為了避免這些昔日叛徒回鄉擾亂秩序，規定外國人只能在特定範圍活動，但對於這些海峽殖民地華人而言，或許出自對法規的不了解，又或是出於返家的渴望，他們在廈門英國領事館登記之後，並沒有乖乖待在特定區內，而是回到故里，有的甚至定居。

---

64 Wu Xiao An. 1997. Chinese-Malay Socio-Economic Networks in The Penang-Kedah-North Sumatra Triangle 1880-1909: A Case-Study of The Entrepreneur Lim Leng Cheak, *Journal of the Malaysian Branch of the Royal Asiatic Society*. 70(2): 44.

65 Blythe, Wilfred. 1969. *The Impact of Chinese Secret Societies in Malaya: A Historical Study*. London: Oxford University Press. Pp.147-148; Wong Yee Tuan. 2012. Uncovering the Myths of Two 19th-century Hokkien Business Personalities in the Straits Settlements, *Chinese Southern Diaspora Studies*. 5 (2011-2012): 146-156.

66 彭思齊，〈五口通商時期廈門英籍華民管轄權交涉（1843-1860）〉，頁 51。

此外，在馬來半島的英籍華人方面，他們在過世之後，其墓碑並未因此而有不同的變化，而是仍然使用「皇清」作為墓碑抬頭，以及使用皇帝年號作為紀年方式，例如檳城建德堂二哥邱天保（圖15）。有者甚至還捐購清廷的官銜，因此難以從肉眼看出他們的英籍元素，他們更像是中國人，因此他們腦海中的身份歸屬並不是非黑即白的。

就中國政府而言，英籍華人的裝束無異於一般清國子民，同時也保有許多的中國文化傳統，像是拜祖先，因此大多也會將他們視為自己的臣民而納入管轄範圍之中。但這種脫離血統主義的國籍認定方式也令中國官方感到困擾，進而也衍生出中英之間的國際糾紛事件，其中最值得關注的就是一八五一年的廈門小刀會起義。[67]

67　由於這些久居海外的華人，多有天地會背景，因此也藉由英國領事裁判權的保護傘回到中國去策動起義。

圖 15　土生且擁有英籍華人身份的建德堂二哥邱天保墓碑

（資料來源：資料來源：白偉權攝於二〇一六年七月廿九日）

註：邱天保於一九一九年過世，光緒甲午年（一八九四年）應該為夫人杜氏的卒年。

新加坡人陳慶真便是因為小刀會起義而被官府擒獲，由於他的一身中國裝扮，因此也被清廷以本國人辦理，陳慶真最後被嚴刑拷打致死，引發了中國人對「英國人」執法過當的爭議，最終還需要出動香港總督文咸（Sir Samuel George Bonham）出面交涉。從這些事件可以得知，清廷也不見得能夠很好地理解民族與國籍的概念，但也可能打從心底就不接受華人也可以是英國人的事實。

由此可知，十九世紀中葉的英籍華人是否有國家意識？或許是程度的問題，但可以肯定的是，他們都能夠輕鬆處理國籍和國族的問題，無論是中國或是英國，對他們而言似乎都不是外國。

伍、英籍華人與第一次拿律戰爭

海峽殖民地華人對於國籍這件事的運用自如，也展現於第一次拿律戰爭之上。

自拿律於一八四八年發現錫礦以來，越來越多的華人湧入希望分一杯羹，但礦區歷經分食者越來越多，其社會環境已變得脆弱不堪，義興、海山兩派的矛盾最終在一八六一年因為礦場搶水事件爆發。

由於海山陣營與馬來封地主關係密切，雙方已是同一個利益集團，因而在整個過程中，霹靂馬來官方立場偏向海山，甚至刁難義興礦主。針對義興礦主的投訴，馬來官員大多採取消極性處理，像是無限等待、沒收義興所寄存的錫條、禁止義興的錫礦出口等。

眼見馬來封地主當局的偏頗，以及在霹靂的孤立無援，義興陣營的領袖們便回到檳城，以英藉民的身份向英國申訴他們在霹靂所面臨的問題。他們的申訴最終獲得受理，理由在於英國東印度公司和霹靂蘇丹曾經在一八一八年締結貿易條約（Treaty of the Commercial Alliance between the Honourable English East India Company, and His Majesty The Rajah of Perak），該條約明確表示，霹靂統治者有義務提供及確保英國船隻和商民在霹靂的最優惠待遇，[68]因此成為英國出面「護僑」的法律依據。

英國知道無論是處於弱勢的義興或是強勢的海山，衝突的兩造其實都有英國臣民，因此很明顯是想對霹靂當局施展影響力。英國表示他們不承認檳城的秘密會社，也不打算對其提供協助，但這起事件牽涉到許多檳城的英籍民，因此要求霹靂蘇丹維持公正。此舉並未獲得霹靂當局的重視，衝突仍然持續發生。

面對局勢失控，英國持續致函霹靂蘇丹，表示在霹靂英國公民的生命財產受到威脅，要求霹靂蘇丹採取行動，但蘇丹也無法控制局面，英國最後派出三艘船艦封鎖拿律岸外的河口，海山和拿律馬來封地主在物資斷絕，貨物無法出口的情況下，終於停火，蘇丹也向英國償付了一萬七千四百四十七元的賠款，該款項實際上是由親海山的馬來封地主支付，第一次拿律戰爭最終在英國介入之下，宣告結束。

這場衝突中，英國的介入打破了天地會及馬來王國自治的傳統，細緻地呈現了馬來王國、海峽殖民地以及英籍華人的互動過程。英國確立了對於霹靂王國的影響力，而操作英藉民身份的義興雖然贏了面子但輸了裡子，他們在戰後仍然繼續在拿律採礦，其對手海山，以及以馬來封地主為主導的社會格局並未改變，最終也埋下了第二次拿律戰爭爆發，義興全面潰敗的種子。

總體而言，十九世紀中葉本地的英籍華人或許沒有現代化國籍及國家的概念，國籍身份歸屬是哪個國家，要對誰效忠似乎不太重要，他們更加關注的是，英籍的身份能夠讓他們在遊走於各地經商時，獲得什麼樣的保障。對他們而言，「我是英國人」和「我是中國人」的身份是可以並行的，至於歸化時所需要宣誓的效忠誓詞，或許也跟華人的多神信仰一樣，拜不同的神念不同的經，華人的思維邏輯真可謂百

68 C.1111 Correspondence relating to the affairs of certain native states in the Malay Peninsula, in the neighbourhood, 1874. Pp. 176-177.

年來從未改變。對英國而言，歷經各種幫英籍華人「擦屁股」的經驗，他們何嘗不知道這些英籍華人心中的想法？只是殖民政府也希望藉由華人來壯大殖民地，各取所需而已。

延伸閱讀與參考資料

Blythe, Wilfred .1969. *The Impact of Chinese Secret Societies in Malaya: A Historical Study.* London: Oxford University Press. Pp.147-148.

Home Office. 2017. *Historical background information on nationality*（*Version1.0*）. London: Home Office.

Neil Khor Jin Keong .2006) Economic Change and The Emergence of The Straits Chinese in Nineteenth century Penang. *Journal of the Malaysian Branch of the Royal Asiatic Society*. 79 (2): 59-83.

Png Poh-seng. 1969. The Straits Chinese in Singapore: A Case of Local Identity and Socio-Cultural Accommodation. *Journal of Southeast Asian History (Singapore Commemorative Issue 1819-1969)*. 10(1): 95-114.

Siew-Min Sai. 2019. Dressing Up Subjecthood: Straits Chinese, the Queue, and Contested Citizenship in Colonial Singapore, *The Journal of Imperial and Commonwealth History*. 47(3): 446-473.

Song Ong Siang. 2016. *One hundred years' history of the Chinese in Singapore (The Annotated Edition)*. Singapore: National Library Board.

Song Ong Siang. 1899. Are the Straits Chinese British Subjects?, *The Straits Chinese Magazine*. 3(10):61-67.

Wong Yee Tuan. 2012. Uncovering the Myths of Two 19th-century Hokkien Business Personalities in the Straits Settlements, *Chinese Southern Diaspora Studies*. 5 (2011-2012): 146-156.

Wu Xiao An. 1997. Chinese-Malay Socio-Economic Networks in The Penang-Kedah-North Sumatra Triangle 1880-1909: A Case-Study of The Entrepreneur Lim Leng Cheak, *Journal of the Malaysian Branch of the Royal Asiatic Society*. 70(2): 24-48.

白偉權（2016），《國家、產業與地方社會的形構：馬來亞拿律地域華人社會的形成與變遷(1848-1911)》，臺北：國立台灣師範大學地理學系博士論文。
彭思齊（2009），〈五口通商時期廈門英籍華民管轄權交涉(1843-1860)〉，《政大史粹》，16：31-72。
黃嘉謨（1978），〈英人與廈門小刀會事件〉，《近代史研究所集刊》，7：309-354。

第二部

異域重生

拿律演義

七 尋找消失的拿律舊礦區*

錫礦為馬來半島中、北部地區和人民帶來無限的機會，但在這光鮮亮麗的背後，卻也充滿了黑暗與血腥。十九世紀馬來半島的礦區可說是華人大規模分類械鬥的戰場，從馬六甲內陸、雙溪烏戎、雪蘭莪、拿律，甚至暹羅南部的普吉島，由南而北幾乎無一例外。在它們之中規模最大，死傷最慘重的，莫屬霹靂北部的拿律（Larut）了。

拿律是馬來半島北部最大的礦區，在當地採礦的華人分屬海山和義興兩大陣營，兩大陣營長久以來對礦產資源（水源和礦地）的競爭，加上馬來統治階層的政治糾紛，進而在一八六一年至一八七四年間，爆發了歷時長達十餘年的武裝衝突（圖16）。十年間參與械鬥的華人數以萬計，根據一八七二年《海峽時報》（Straits Times Overland Journal）的報導，其中一場械鬥在一天之內便至少有一千人被敵對陣營斬首！[69]曾在臺灣協助李仙得在瑯嶠地區處理羅妹號事件的畢麒麟，也在一八七四年來到霹靂，成為平息拿律戰爭的其中一名關鍵人物。戰後的拿律正式易名為「太平」（Taiping），以期許這片土地永遠和平安寧，Taiping也是馬來西亞現有極少數以中文為官方名稱的地名。

---

* 本文曾收錄於2022年由麥田出版的《赤道線的南洋密碼：台灣@馬來半島的跨域文化田野踏查誌》，經同意重新收錄本書，特此申謝。

69 "The Gazette says that some thousands of the Chinese have lost their lives during the riots, no less than 1,000 having been beheaded in one day by their opponents." *Straits Times Overland Journal*, 11 April 1872, Page 5.

圖 16 寧靜的太平湖——過去為拿律戰爭的古戰場
（資料來源：白偉權攝於二〇一五年一月廿七日）

海山和義興兩大公司所爆發的拿律戰爭，其發生的深層原因在於礦區的爭奪。按一般論述，海山的勢力範圍即是今天的太平，而義興的勢力範圍則是甘文丁。然而根據地圖，太平與甘文丁兩大市鎮其實相距近六公里。六公里對於熱帶栽培業抑或是現在的交通條件而言，並不遙遠，但對於面積規模小的錫礦場而言，卻已經是相當遠的距離了，那麼兩派的礦區爭奪究竟所謂何事？歷史中煞有其事的記載又應該如解讀？對於這個問題，恐怕必須要還原及厘清早期兩派的礦場空間分佈才行。

要尋找拿律的舊礦區並非易事，原因在於拿律是個老礦區，後來所見到的礦地許多可能也是拿律戰爭後所開發的。另外，十九世紀中葉歷經大規模開發的拿律，到了十九世紀末逐漸沒落，其錫礦生產中心的地位就已被南邊的近打河谷所取代。此後有許多的礦區被另做開發，礦池也被填平，使得當地原有的地景面目全非。因此尋找拿律戰爭時期的礦地分佈，並欲進一步得知該礦區所屬的陣營，相當具有挑戰性。

雖然如此，我們還是能夠透過一些途徑盡可能將一八七四年拿律戰爭結束前的礦區分佈還原出來。像是尋找當時所留下的文獻敘述，特別留意文獻所提到礦場以及華人發生衝突時的地名，並配合古地圖和現今的地圖來找出大致的礦區範圍。在此範圍中，再透過當地過去及現今的土地利用，包括礦湖的土地利用以及一些地標（例如老廟）的位置，去加以定位。這些斷簡殘篇都是幫助我們拼湊早年的礦場位置的有用方法。

壹、尋找拿律舊礦區

首先，我們先開始厘清太平和甘文丁兩大拿律市鎮。根據歷史事實，兩大市鎮雖然分屬海山和義興的勢力範圍，但是在拿律戰爭時期，兩大市鎮其實並不存在，它們是拿律戰爭之後英國人為了明確劃分兩派勢力範圍，而在礦池旁重新規劃建立的新市鎮。因此在過去，海山和義興的採礦場範圍，並不見得是今天的市鎮。[70]

據載，在太平和甘文丁還未建鎮時，海山和義興的勢力範圍有另外的名字，海山礦區稱為吉輦包（Klian Pauh）；義興的勢力範圍則稱為新吉輦（Klian Bahru）。在馬來文當中，Klian 意指礦場。吉輦包與新吉輦的地名現今已較少人為人所知。

在空間上，根據瑞天咸（Sir Frank Swettenham）在拿律戰爭結束之初（一八七四年）所繪製的地圖（圖17），便揭示了吉輦包和新吉輦的所在位置，它們都位在內陸沿山地區。這樣的空間分佈有它的道理。根據地形學的侵蝕與沉積原理，富含錫礦的砂石在山坡地被雨水沖蝕之後，便被地表徑流帶走，最終因為重力的緣故，較

70　當時的市鎮是哥打（Kota），即今天的鳳山寺一帶，吉輦包和新吉輦所產的錫礦多從內陸集散於此，然後再運往馬登出港。

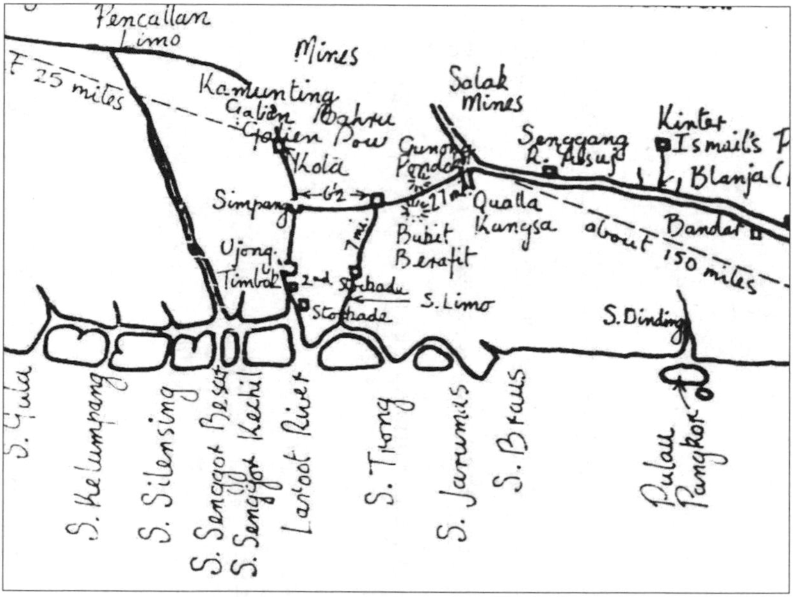

圖 17 一八七四年瑞天咸所繪製的霹靂地圖，在拿律河下游往上游處依序標註了 Galien Pow（吉輦包）和 Galien Bahru（新吉輦），他也在旁特別標註了「Mines」（礦）的字眼。

（資料來源：Swettenham, A. Frank. 1975. *Sir Frank Swettenham's Malayan Journals, 1874-1876.* Kuala Lumpur, New York: Oxford University Press. P. 3.）

重的錫礦沙自然在搬運的過程中先行沉積，它們主要堆積在坡度驟降的谷口及山腳一帶，越往下游的地區，堆積量越少。由此，沿山一帶構成錫礦蘊藏區，即我們所見到的吉輦包和新吉輦。以實際環境與地圖相互參照，已經提供大致的礦區所在，但可惜瑞天咸的地圖尺度較大，未能提供細部的空間資訊。

貳、海山礦區吉輦包

在梳理完礦區的整體位置之後，接下來必須瞭解的是細部的礦區分佈。那麼，海山所屬的 Klian Pauh 究竟在哪裡？所幸這是一個相對容易解答的問題，雖然史料上少有材料明確指出海山礦場的位置，但是我們可以確定的是，它離開太平不遠，而根據舊報章的記載，拿律戰爭結束之後不久，海山礦區隨即就被規劃為公園，並於一八八〇年啟用，即今天的太平湖公園，這個公園堪稱馬來半島上第一個公園

（圖18）。玩味的是，象徵增城海山勢力核心[71]的何仙姑廟，也位在今天太平市區接近太平湖的地方。至於當局將具有經濟生產價值的礦場規劃為公園的原因，筆者將另文討論。

從地圖上看，太平湖並非是單一的大湖泊，而是一個湖泊群，其範圍相當大，在不計算公園其他陸地面積的情況下，現有的湖泊面積總計就已有約十九公頃（圖19）。根據歷史材料，無論是吉輦包還是新吉輦，它們都是由多家礦場組成的礦區，因此今天所見不同的湖泊很可能是不同的礦場，故由此判定太平湖區應該是海山礦區吉輦包的所在。然而必須留意的是，雖然湖泊區可以被理解為海山的礦區範圍，但海山的範圍可能不僅限於今天的湖泊區，像是在太平湖東北部沿舊甘文丁路的地

71 海山公司以增城人為主流，海山的重要領袖也都是增城籍，而何仙姑信仰則是增城人的原鄉信仰，因此研究相信該廟是海山公司的重要社會組織。

圖 18　十九世紀末二十世紀初的休閒公園——太平湖

（資料來源：Wright, Arnold., & Cartwright, H. A. (eds.). 1908. *Twentieth Century Impressions of British Malaya: Its History, People, Commerce, Industries, and Resources*. London: Lloyd's Greater Britain Publishing Company. P. 858.）

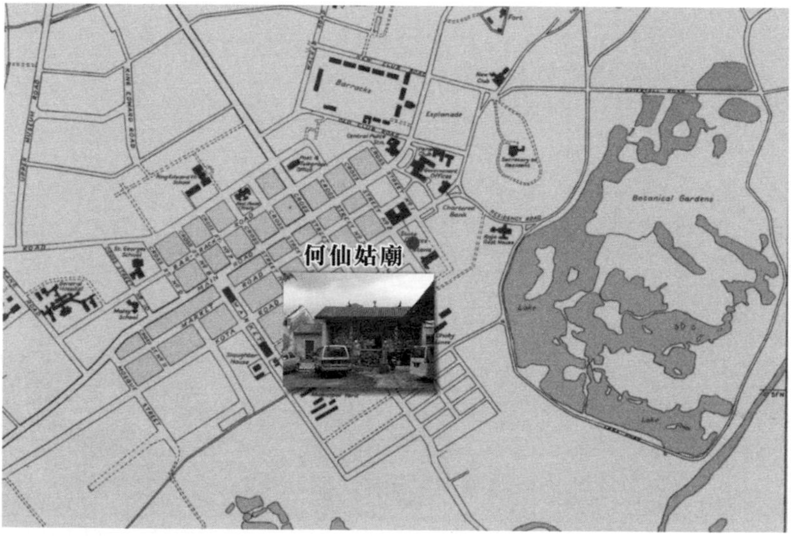

圖 19　太平湖與何仙姑廟

（Great Britain. Inter-service Topographical Department & Great Britain. War Office. (1944). Taiping Retrieved 21 Dec 2019, from http://nla.gov.au/nla.obj-322654221）

方，當地目前雖然沒有湖泊，但是卻有一所名為 Klian Pauh 的國民中學。在吉輦包國中的北側，也有一座名為 Kampung Klian Pauh Baru 的村莊。這些地名線索都揭示了舊時吉輦包的空間範圍。

參、義興礦區新吉輦

在得知海山礦區的位置之後，接下來就需要厘清義興礦區的位置了。甘文丁不像太平那樣，礦區因為太平公園（太平湖）的規劃而被保留下來成為有利參照點。但甘文丁與太平類似的地方在於，它是拿律戰爭之後，為了區隔海山義興兩大勢力，而規劃出來的市鎮。因此可想而知，當時的新吉輦礦場位置肯定不是位在今天的甘文丁鎮。雖然甘文丁也有一座粵東古廟，但是根據粵東古廟的《倡建粵東古廟》碑文，粵東古廟其實創建於一八八二年，這個年份已經是後拿律戰爭時期的事了。

在刪去甘文丁的可能性之後，接下來必須要推斷的是新吉輦可能的相對位置。

新吉輦的可能地點理應是位在甘文丁接近太平市區的方向，如此才能構成我們見到的資源（礦地、水源）爭奪。事實上，甘文丁與太平市區之間是由舊甘文丁路（Jalan Kemunting Lama）所連接，這條古老道路或許是新吉輦經吉輦包通往馬登港口（錫礦由此輸出檳城）的道路，因此礦區很可能出現在其周邊。

為此，筆者對舊甘文丁路沿線進行訪查，在該路段距離甘文丁一點八公里處，太平三點三公里處的地方，見到一間供奉大伯公的福德祠（圖20），該廟建立時間不詳，但重修於一八九九年。該廟廟名也標有當地的小地名，作「新港門」。新港門也是早期華人對於新吉輦或義興礦區的指稱。因此福德祠的廟名，提供了一個很明確的線索，即新吉輦的範圍其實也包含本區。

再觀察福德祠周遭範圍的環境，該廟矗立在史格士山（Scott Hill，華人稱

「伯公嶺」）東側，在它的對面則是麥士威山（Maxwell Hill），兩山之間是一塊狹長的谷地，這片谷地地勢異常平整，重要的是，這條錫礦區帶其實往東南方向也能夠延伸至吉輋包所在的太平湖區。這裡現今已作為政府軍事用地。而打開太平一九一三年調查的舊地形圖（Topo Map）顯示，該地區在一九一三年以前仍是一片礦地，可見到處處礦湖（圖21）。比對一九二九年的霹靂歲入圖（Revenue Survey Map），這片礦地其實是鐵船（dredging）採礦區（圖22）。可以肯定的是，鐵船是殖民時期的產物，由於當時許多華人舊礦場在傳統的技術條件下，已經無法繼續開採，因此許多礦地都被歐洲企業購下，發展鐵船採礦。因此鐵船礦場的所在，為我們尋找新吉輋舊礦場的位置，提供了重要線索。

另外，根據太平文史研究專家李永球先生的〈甘文丁曾經「遷鎮」〉一文，福德祠對面在一九二〇年代以前曾經有過華人聚落，一些會館像是惠州會館也建立於此，但在一九二〇年代本區被歐洲鐵船收購以後，便已經遷至今天甘文丁市區粵東

圖 20　新港門的福德祠

（資料來源：白偉權攝於二〇一二年六月七日、二〇一五年一月廿八日）

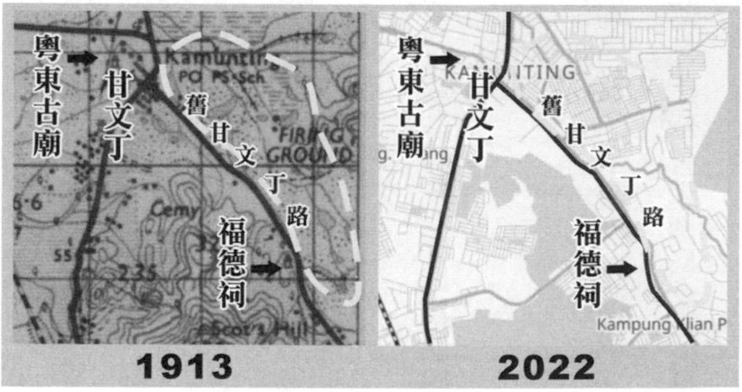

圖 21　福德祠對面的舊礦區

（資料來源：1. 舊地圖：Federated Malay States. Survey Department. (1943). [Malaya 1:63,360] Retrieved 21 Dec 2019, from http://nla.gov.au/nla.obj-257422633.　2. 衛星影像圖：Open Street Map）

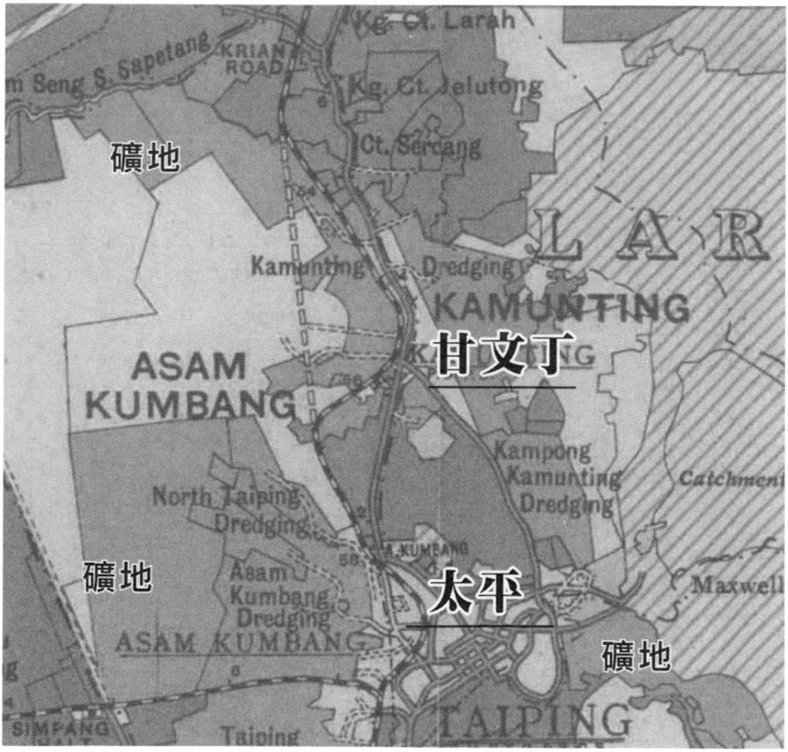

圖 22　一九二九年太平地區的土地利用分區圖可見到舊甘文丁路右側都屬鐵船礦地

（資料來源：Federated Malay States. Surveyor General F. M. S & S. S.. (1929). Perak 1929. [F. M. S Survey No. 244-1929]）

古廟附近了。早期的義興公司主要是由惠州人所組成，這裡是義興礦區，應該是合理的推斷。

綜合上述「新港門」福德祠的位置、本區地形、與吉輋包的連接性、舊礦地分佈，再配合最早由英國人所繪製的地圖相對位置，我們幾乎能夠確認，義興舊礦區新吉輋所在的地方即是福德祠對面那片平坦的縱谷區。那麼，最後需要解決的，即是吉輋包和新吉輋兩大集團礦區之間的交界處了。根據現有材料，絕大部分提到義興海山礦區的地名多比較籠統，較為細緻的空間範圍僅會提及吉輋包和新吉輋，而兩區內部的小地名則鮮少出現，所幸一八六二年第一次衝突時，在兩造礦主向檳城英殖民當局申訴的文件中，留下了關鍵性的線索。

肆、兩大集團的礦區界線

在殖民部檔案CO273當中，記載了義興公司伍庚辰和Ung Bun Chium對於海山領袖的控訴，這件事也是拿律戰爭爆發的導火線。他們指兩位海山礦主Yiong Kan和李觀貴率眾從他們位在「Gu Gok」的礦場前來搗毀伍庚辰的水道。從這段敘述中，我們雖然無法瞭解義興領袖礦場的所在地，但卻至少知道「Gu Gok」是海山礦區，而兩者前去破壞義興水道則多少顯示了這裡是海山礦區和義興礦區之間的前沿，因此「Gu Gok」這一地名對於義興—海山礦區交界的判定，有著重要的意義。

「Gu Gok」究竟是哪裡？根據一九一四年馬來亞鐵道公司（Federated Malay States Railway）出版馬來半島旅遊手冊中的太平地圖，筆者在舊甘文丁路新港門福德祠對面的地區，找到有個Gugop的地名（圖23），可以推知它就是資料上的「Gu

圖 23　Gugup 的所在位置

（資料來源：Anonymous. 1914. *Federated Malay States Railways: Pamphlet of Information for Travellers: Tours in the Malay Peninsula.*）

Gok」。在現今的Google地圖中，當地附近也有個Kampung Gugup（Gugup村）。按此，Gugup就位在新港門當中，且已經接近今天的甘文丁市區，因此可以確定，這裡是舊礦區，也是義興及海山礦區相互緊鄰的前線地帶。

總體而言，礦地的空間位置是瞭解拿律戰爭爆發的重要基礎，透過舊礦區的定位，我們大致還原了吉輋包和新吉輋這兩個海山和義興的礦區所在，對於兩派經濟生產空間的理解，必須要從帶狀的空間概念出發，而非點狀概念。意即它們都不是今天的太平和甘文丁市，而是在附近的條狀地帶。吉輋包由今天的太平湖開始，一直沿著麥士威山與史格士山之間的谷地往西北方向延伸，一直到Gugup一帶。而新吉輋礦區則是由Gugup一帶開始，一直往今天的甘文丁市區方向延伸。兩者位置緊鄰並且構成一條帶狀分佈的錫礦地帶（圖24）。這條錫礦地帶由多家分屬海山和義興的礦場所組成。按照地形學的原理，我們所見到的吉輋包和新吉輋其實是老天爺的決定，這樣的分佈造成海山和義興礦區無可避免地按著這個條帶狀的地區發

圖 24　拿律舊礦區的重構結果

（資料來源：白偉權繪，底圖為 Open Street Map）

展，並出現緊鄰彼此的現象，最後才衍伸出Gugup的衝突，並開啟了長達十年的拿律戰爭。

物換星移，如今的拿律已是馬來西亞著名的旅遊城市，昔日的戰場——太平湖，如今已成為人們晨運、休憩野餐、拍攝婚紗的熱點，過去的腥風血雨已洗練出「太平」這個拿律的新名字。

白偉權（2016），《國家、產業與地方社會的形構：馬來亞拿律地域華人社會的形成與變遷（1848-1911）》，臺北：國立臺灣師範大學地理學系博士論文。

李永球（2011年4月10日），〈甘文丁曾經「遷鎮」〉，《星州日報》。

Errington, J. de la Croix. 1882. Les Mines d' Etain de Pèrak [Tin Mines of Perak]. Paris: Imprimerie Nationale.

Swettenham, A. Frank. 1975. *Sir Frank Swettenham's Malayan Journals, 1874-1876*. Kuala Lumpur, New York: Oxford University Press.

Wright, Arnold., & Cartwright, H. A. (eds.). 1908. *Twentieth Century Impressions of British Malaya: Its History, People, Commerce, Industries, and Resources*. London: Lloyd's Greater Britain Publishing Company.

Anonymous. 1914. *Federated Malay States Railways: Pamphlet of Information for Travellers: Tours in the Malay Peninsula.*

八　看得見的拿律女性：米字旗升起前夕的一場婦女營救行動

一八七四年一月二十日下午，海峽殖民地總督克拉克（Sir Andrew Clarke）在與馬來統治者和華人頭家達成協議之後，便隨即發出一道命令，指派端洛浦（Samuel Dunlop）、瑞天咸（Frank A. Swettenham）和畢麒麟（William A. Pickering）三人盡速乘坐柔佛號（Johore）前往拿律，與人在當地的史必迪上尉（Captain Speedy）一同處理拿律戰爭後續的維和任務。總督所給的指示非常明確，其首要任務除了是解除當地武裝，並恢復錫礦生產之外，接下來就是營救當地婦女了。

其實在談拿律過去的歷史時，一般多只關注政治、經濟和華人會黨的問題，女性的課題一直不在聚光燈底下，使人無法看見。所幸，瑞天咸的工作日誌（Sir Frank Swettenham's Malayan Journals 1874-1876）詳細地記載了他們在拿律的營救過程，使我們得以藉由他的文字走入前殖民時期動盪的馬來半島邊區，「看見」當時拿律女性的概況。

壹、前殖民時期的拿律婦女

前殖民時期的拿律是一個相當封閉且高度依賴錫礦產業的邊區社會，當時的自由移民不多，絕大多數的人口都是為了開礦而被特意引進的男性移民，使得這裡的性別比例極為懸殊。這個現象多少能夠從太平附近的義山反映出來，例如當地最早的增龍塚山，筆者曾對該處墓碑進行抄錄，在其中可辨識姓名的四十八個墓碑樣本之中，只有一個屬女性墓碑（圖25）（該區墓碑年代介於一八六〇至一八八〇年代）。而根據英國官方在一八七九年對於霹靂王國華人人口的統計，全霹靂約有一萬九千一百一十四名男性華人，女性華人則只有一千二百五十九人，[72]性別比達到一千五百一十八，換句話說，大約每一百五十名男性當中，才有一名女性，此懸殊的性別比例是目前正常情形的十倍。

在女性人數稀少，社會充斥著男性的環境裡面，女性很多時候會成為一種物以稀為貴的「資產」。當時出現在拿律的女性，很大部分都是因為服務男性人口而出現，這種存在相當具有功能性。在性別單一且封閉的邊區社會中，男性的性需求變得特別顯著，妓院遂成為一種有利可圖的行業，當中所牽涉到的利益甚巨，因而成

72　C.3428 Straits Settlements. Correspondence respecting the protected Malay States. (In continuation of [C.-3095] of August 1881.), 1882. P.21.

圖 25　增龍塚山的女性墓碑，墓主為南海籍的「黃氏」。從形制上看來，黃氏似乎未婚。
（資料來源：白偉權二〇一五年八月二日攝）

為頭家與利益集團們競相爭取的特許經營生意。

實際上，當時馬來亞許多公司（kongsi）的雄厚資產當中，除了靠挖礦所得的收益之外，他們更透過這些專營事業來把原先支付給底層勞工的盈餘，重新從他們身上賺回來。底層勞工散盡家財後，公司也可以透過賒債關係，來加強對他們的控制。[73]學者麥留芳和黃賢強也指出，公司與這些專營事業是共生的，一些公司（會黨）成員也受雇為妓院的保鏢或打手，負責保護妓院利益、監視妓女以及懲戒一些嫖霸王妓的嫖客。[74]

---

73 Trocki, A. Carl. 1993. The Rise and Fall of the Ngee Heng Kongsi in Singapore. In Ownby and Heidhues (eds.), *"Secret Societies" Reconsidered: Perspectives on the Social History of Early Modern South China and Southeast Asia.* Armonk, N.Y.: M.E. Sharpe. Pp. 89-120.

74 黃賢強（2015），〈檳城的娼妓與華人社會〉，收錄於黃賢強著《跨域史學：近代中國與南洋華人研究的新視野》，臺北：龍視界。頁 144-173。

貳、拿律的娼妓產業

回看瑞天咸的工作日志，在英殖民時期之前，義興公司便已經在拿律經營妓院。除義興之外，海山陣營也有販賣娼妓的記錄。[75]日記所記載的女性，她們極大部分也是因為娼妓行業而被送往拿律。[76]

作為十九世紀馬來半島的人口稠密區，拿律的妓院其實不少，無論是在義興系統或是海山系統的廟碑裡，都不乏疑似青樓的捐獻記錄。根據黃賢強對於檳城娼妓史的研究，當時期的妓院都喜歡用香豔或代表女性溫柔的名字，拿律的妓院也能夠找到這些特色，例如粵東古廟的義香樓、群玉樓、翠花樓、至香樓、桂香樓、麗芳樓、遠香樓；馬登綏靖伯廟的彩芳樓、得勝樓、金石樓、會勝樓、金玉樓、泗順樓、彩悅樓、月仙樓、宴花樓、彩勝樓、勝香樓、敘花樓、錦香樓、品芳樓、賽香樓；何仙姑廟碑中更有所謂的「青樓緣簿」，使我們明確知道那些商號的屬性，如：富月樓、祿鳳樓、影相樓、德順樓、潤勝堂、兩順樓、泗順樓、滿發堂、新月樓、彩悅樓、新發堂、新合意、妙香樓、得心樓、錦繡堂（圖26）。

這些妓院基本上都是出現在廣東社群的廟宇，主要與當時廣東省官吏對於女性外移人口不加限制，出洋較易有關。[77] 到了一八九九年太平礦業開始走向沒落時，太平仍然擁有廿五家妓院。[78]

---

75 Swettenham, A. Frank. 1975. *Sir Frank Swettenham's Malayan Journals, 1874-1876*. Kuala Lumpur, New York: Oxford University Press. P. 10.

76 Swettenham, A. Frank. *Sir Frank Swettenham's Malayan Journals, 1874-1876*. Pp. 49-51.

77 黃賢強（2015），〈檳城的娼妓與華人社會〉，頁 147-148。

78 Report on the Chinese Protectorate for the year 1899. P. 1.

麟昌公司
灼榮公司曾文
以上各式員
萬成昌緣簿
李潤進拾五員
高隆
黃天寶
黃英
劉松照
謝存
張鉗
以上各式員
各清樓緣簿
德順樓
鄧妹
李好
順有
亞英
有金
以上各式員
富月樓
廖梁氏
梁陳氏
杜亞金
莫松枝
李錦玲
以上各式員
祿鳳樓
葉秋
葉金九
葉阿地
陳■

楊榮森
葉錦
以上各式員
潤勝堂五員
秋桂
李執
以上各式員
兩順樓
有好
帶金
以上各式員
泗順樓
滿發堂
新月樓
以上各五員
彩悅樓
新發堂
新合意
以上各三員
妙香樓
得心樓
錦繡堂

圖 26　太平何仙姑廟《重修本廟碑記》「各青樓緣簿」中的妓院（一九〇九年）

（資料來源：白偉權整理）

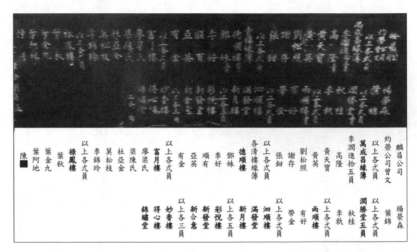

參、娼妓從何而來？

拿律擁有多家妓院，相信娼妓業相當興盛，那麼，這些妓女究竟從何而來？根據瑞天咸日記中的訪談資料，我們可以看到幾種不同的歷程，有的是被綁架而被迫入行，像是 Li Ah Kaw，她在中國就被綁架，然後被帶到檳城來，檳城的中介人再把她賣到拿律的吉輦包（Klian Pauh）去當妓女。從瑞天咸日記裡頭，筆者也發現有幾名女性前來拿律的中介人都是同一人，例如 Pah Ong 和 Li Chi，前者還有記載當時購買女性完璧之身的價格，他以一百八十元買進 Ho Choen Tong、以一百五十元買進 Lo Kang Kiu。後者則買入 Liong Sing Kam 及 Li Loo Kwai。由此看來，妓女在供應上是相當有系統的。

有的婦女則是自己賣身入行，像是先前提到的 Lo Kang Kiu，她以一百五元賣身當妓女，後來自己一點一點地存錢贖身，但之後來又來到拿律當妓女。Ho Choen

Tong 也是，她自己賣身來當妓女，後來自己贖身。也有的原來是已婚女性，但在戰爭期間被敵方虜獲而入行，例如 Ng Cheng Ho，他與四邑籍的 Leow Ih Seng 結婚，後被馬來人送入古樓的公司，之後才被一名海山成員以三十元贖身。

在來源地方面，拿律絕大部分妓女其實都並非是直接從中國運來，而是先在檳城落腳，有的甚至先在檳城入行，後來再來到拿律妓院。這與檳城直接從中國引進女性的經驗有所不同，拿律作為檳城的複地，加上拿律公司大多都來自檳城，因此往往成為拿律物資的供應地，這些物資當然也包括市場所需的女性。

經過與黃賢強所搜集到的檳城妓院資料相互比對，拿律其實不乏與檳城一樣的妓院名稱，像是粵東古廟的群玉樓、桂香樓，分別在檳城的新街和港仔口街都有相同名稱的妓院。此外，廟碑中也有一名叫做新嬌的捐款者，該名字也出現在一九〇三年檳城賑濟廣西饑荒的捐款名單當中，她可能是妓女或是老鴇。[79]前述相同名稱的妓院或許只是巧合，但若是檳城的分支，也是很合理的。

肆、亂局中的拿律婦女

婦女是社會裡生產的重要材料，加上若其數量稀少，當沒有國家法律的保護，戰爭發生時，婦女都會遭受不好的結果。歷史上，拿律曾經發生三次較大規模的械鬥，過程中勝利的一方除了會將敗者的錢財取走之外，婦女也是他們的「戰利品」。像是在第一次拿律戰爭當中，義興陣營的婦女便被海山陣營虜獲，最後被賣到蘇門答臘的日里（Deli）去。[80]

在第三次拿律戰爭當中，海山與馬來統治者結盟攻擊義興陣營（四邑公司）。[81]這

79 黃賢強，〈檳城的娼妓與華人社會〉，頁 144-173。

80 Swettenham, A. Frank. Sir Frank Swettenham's Malayan Journals, 1874-1876. P. 10.

81 C.1111 Correspondence relating to the affairs of certain native states in the Malay Peninsula, in the neighbourhood, 1874. Pp. 146-147.

圖 27 ｜ 馬登——拿律馬來封地主的大本營
（資料來源：白偉權攝於二〇一五年一月廿八日）

次攻擊行動中，義興的八千人中約有六千人被殺害，只有不到二千人成功逃回檳城。過程中有許多來不及逃走婦女則被馬來封地主卡伊布拉欣（Ngah Ibrahim）的軍隊虜獲，這些婦女首先送到馬登（Matang）（圖27）集中，接下來再被送到古樓和武吉干當那些效忠卡伊布拉欣的馬來領袖那裡。例如古樓的 Mat Ali、Pandak Corik 和 Mohammed Saman。記錄顯示 Mat Ali 收到婦女之後，就將她們轉賣給當地其他海山成員。Pandak Corik 手上則有四名婦女，Mohammed Saman 則收了三十名婦女。[82] 當然，這些婦女並不見得一定是遭受到不好的待遇，據瑞天咸觀察，一名在 Mat Ali 底下長八個月之久的婦女，就得到良好的照顧。

但無論如何，這些在拿律動盪時局下生活的婦女，她們的生活經歷都是充滿波折的，以前述的 Li Ah Kaw 為例，她到拿律賣身後，也在這裡被一名五邑人贖身納

82 Swettenham, A. Frank. Sir Frank Swettenham's Malayan Journals, 1874-1876. Pp. 16-18.

為妻妾，但後來在一次拿律戰爭中，她們逃亡到馬登的時候被義興陣營所抓拿，她們讓男人離開，自己則再次被賣到吉輦包。在第三次戰爭時，她又被馬來人擄獲，後來再以廿五元被賣到五邑公司去。另一名 Lo Kang Kiu 在拿律戰爭期間，被馬來領袖帶到古樓之後，便以七十元賣給五邑人，前述的 Ho Choen Tong 則被馬來人以八十元賣給五邑頭家。這些女性有的被買來作為妻妾，有的則轉賣進入妓院。值得注意的是，當中有一名被販賣的女性年僅十三歲。她若是被賣到妓院，其實在當時也是十分平常的事情。根據一八八九年霹靂憲報（Perak Government Gazette）的記錄，政府在一八八七年便規定五歲至十六歲的女孩不得出現在妓院，該記錄也提及其實妓院內許多十四至十六歲的女童，由於樣子看起來十分成熟，因此難以識別她們是否違規，[83]換句話說，當時的雛妓問題是相當嚴重的。

伍、拿律婦女的營救行動

為了營救這些婦女，瑞天咸等人帶著軍隊到拿律的哥打（Kota）、吉輦包（Klian Pauh）、新板（Simpang）、馬登甚至遠到古樓、武吉干當等地，逐個聚落去與海山領袖及馬來頭人交涉，請他們交出所掠奪的婦女。當然，在營救過程中還是會遇上一些小阻礙，例如一些海山領袖聽聞瑞天咸等人到的訊息之後，便漏夜將婦女匿藏至森林中，但是在隨行的史必迪上尉的武力幫助下，他們表明在事情上不願配合的海山領袖將被處以五十下的鞭刑。他們也實際懲罰了一名提供錯誤訊息的華人，將之在大街上執行十下的鞭刑，最終取得有效的警戒作用，因此整體來看，瑞天咸等人的婦女營救行動是十分順利的，一些重獲自由的婦女甚至開心地流下了眼淚（圖28）。[84]

83　Perak Government Gazette 1889. P. 440.

84　Swettenham, A. Frank. *Sir Frank Swettenham's Malayan Journals, 1874-1876*. Pp. 12-13, 18.

圖 28　在古樓進行營救行動的（左起）端洛浦、畢麒麟和史必迪
瑞天咸於一八七四年二約日繪製於古樓河

（資料來源：Swettenham, A. Frank. (1975). *Sir Frank Swettenham's Malayan Journals, 1874-1876.* Kuala Lumpur, New York : Oxford University Press. P. 48.）

經過近一個月的努力，畢麒麟、瑞天咸、端洛浦等人成功令華人和馬來統治者交出五十三名婦女。[85]他們也負責安頓這些婦女，因此對她們進行了簡單的訪談。訪談資料顯示，這些婦女絕大多數選擇返回檳城與親人團聚，其餘有的希望回到拿律市區（哥打），也有少數婦女自願留在目前收買他的丈夫身邊。也有的婦女雖然在檳城有夫婿，但表示丈夫已經有幾名太太，因此選擇留在拿律。也有人看似無奈地表示已不知要往何處去；有人則表示希望到任何一個寧靜的地方，令人不甚唏噓。[86]

本文所提到的女性身處於一個性別比例懸殊、沒有國家制度保障且形式封閉的社會，她們因為服務男性而出現，無法掌控自己的命運，這是殘酷且無奈的，與現

85 C.1111 Correspondence relating to the affairs of certain native states in the Malay Peninsula, in the neighbourhood, 1874. P. 86.

86 Swettenham, A. Frank. *Sir Frank Swettenham's Malayan Journals, 1874-1876*. Pp. 49-51.

今女權主義所強調的精神價值形成強烈對比。這樣微不足道的小角色至今已被淹沒在歷史洪流之中，只有透過瑞天咸的文字才得以讓她們的生命歷程被我們「看見」。為此，筆者嚴肅地在此將她們的名字一一列出，藉此將當今世人所給予的一絲尊嚴與紀念獻給她們。這遲來的尊嚴，相信也是她們當時所無法想像的：

Fong Seng Ho、*Li Ah Kaw*、*Wong Ah Hi*、*Chen Ah Yow*、*Ng Ah Yow*；*Chi tong Liu*、*To Choi Liu*、*Wong Ah Peng*、*Li Fung Chai*、*Ho Sou Quai*、*Wong Tong Choi*、*Ng Cheng Ho*、*Chan Tong Moy*、*Leong Geok Lan*、*Ho Yeow Chai*、*Liong Sing Kam*、*Li Loo Kwai*、*Che Tung Kok*、*Lo Lang Kiu*、*Chung Ah Kam*、*Chow Ah Yeow*、*Li Hi Choan*、*Ho Ah Saw*、*Yong Chong Quai*、*Ho Choen Tong*、*Lam Lok Moi*、*Ho Ngau Yuk*

延伸閱讀與參考資料

C.1111 Correspondence relating to the affairs of certain native states in the Malay Peninsula, in the neighbourhood, 1874.

C.3428 Straits Settlements. Correspondence respecting the protected Malay States. (In continuation of [C.-3095] of August 1881.), 1882.

Perak Government Gazette 1889.

Report on the Chinese Protectorate for the year 1899.

Swettenham, A. Frank. 1975. *Sir Frank Swettenham's Malayan Journals, 1874-1876*. Kuala Lumpur, New York: Oxford University Press.

Trocki, A. Carl. 1993. The Rise and Fall of the Ngee Heng Kongsi in Singapore. In Ownby and Heidhues (eds.), *"Secret Societies" Reconsidered: Perspectives on the Social History of Early Modern South China and Southeast Asia*. Armonk, N.Y.: M.E. Sharpe.Pp.89-120.

白偉權（2016），《國家、產業與地方社會的形構：馬來亞拿律地域華人社會的形成與變遷 (1848-1911)》，臺北：國立臺灣師範大學地理學系博士論文。

黃賢強（2015），《跨域史學：近代中國與南洋華人研究的新視野》，臺北：龍視界。

麥留芳（2017），《百年虛擬幫會》，吉隆坡：華社研究中心。

九

威震南邦：拿律戰爭與本地錫克人的紮根

錫克人傳統上以軍警和保安的姿態出現在本地社會，他們身材魁梧輪廓深邃，包著頭，留著大鬍子，給人一種兇悍而不可親近的印象，他們因而經常成為家長用來「恐嚇」頑皮孩子的工具，可見錫克人在本地民間的形象相當鮮明。然而，許多人或許並不知道，錫克社群在馬來（西）亞的移殖及形象塑造，其實與拿律戰爭息息相關。拿律戰爭對於我國錫克社群而言意義重大，他們在敘述本身的移民史時，必然會提及這場戰爭。本章，我們試著跳脫華人的視野，轉而以錫克人為主體，看看拿律戰爭如何促使錫克人在本地紮根，他們不可親近的形象又是如何塑造的？

在馬來西亞種族分類中，錫克人經常與淡米爾人共同被歸類為印度人，但兩者在文化風俗上其實相差甚遠。在本地的脈絡中，錫克人也被包含淡米爾人在內的各個族群稱作「孟加里」（Bengali）。他們不像絕大部分來自南印度地區的淡米爾人，錫克人的故鄉其實遠在印度西北部內陸的旁遮普地區，該地區已經是整個英屬印度勢力範圍的邊疆（圖29）。

在空間和距離的阻隔下，他們南來的移動成本更高，以致早年本地錫克族人數稀少。在十九世紀中葉以前，錫克人在本地基本上非常零星，嚴格說來並不構成社群。根據記載，早在一八二八年，西加里曼丹的蘭芳共和國便已經有錫克人的身影；[87] 新加坡在一八五七年也有六十至七十名錫克放逐犯。然而前述這些都只

87　Gurcharan Singh Kulim. 2015. Sikhs in Early History of Malaysia。參見 https://www.sikhnet.com/news/sikhs-early-history-malaysia

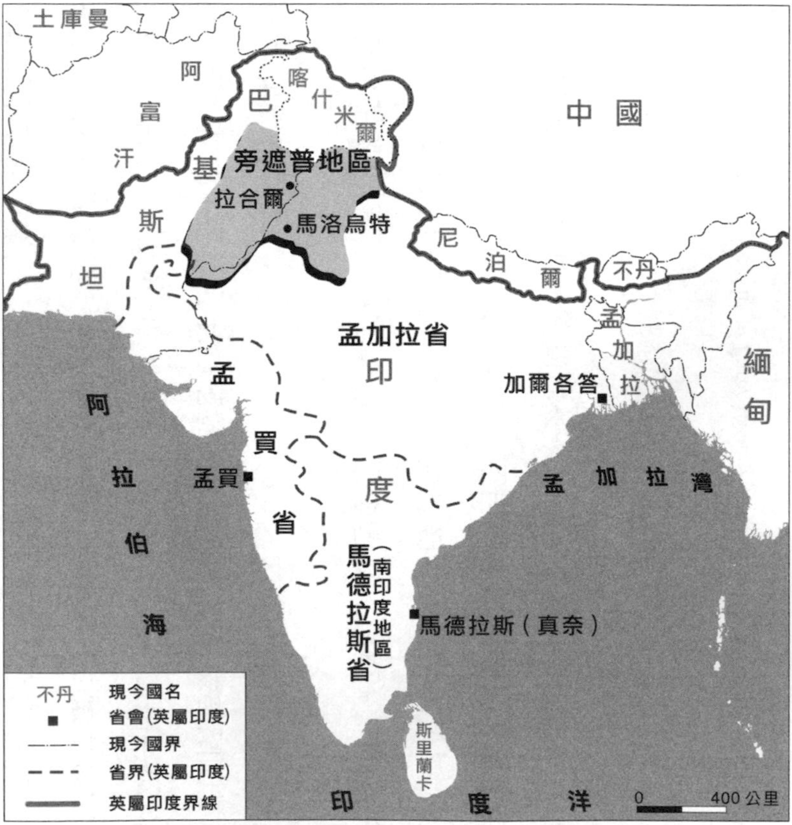

圖 29 英治時期的印度與旁遮普地區

（資料來源：白偉權繪）

是單一個案，並非系統性的移民。錫克人真正開始出現穩定且較具規模的移民，最終成為本地重要社群，則不得不提及拿律戰爭以及史必迪上尉（Captain Tristram Charles Sawyer Speedy）了。

壹、紛亂的拿律

自一八六〇年代初開始，拿律便因為錫礦資源的爭奪而不斷爆發大規模的華人武裝衝突，到了一八六〇年代中葉的第二次拿律戰爭以後，當地華人社會的幫群組合進一步複雜化，由原本的增城和惠州兩大公司的社會格局演變擴大成為四邑（新寧、新會、開平、恩平）和五邑（增城、南海、番禺、順德、東莞）的兩大聯合集團。到了一八七二年，拿律再度爆發衝突，很快的，當地局勢進一步失控，海山大敗，馬來封地主卡伊布拉欣（Ngah Ibrahim）已經無法控制局勢，自己甚至也被迫逃離拿律流亡檳城。在歷史的偶然下，當時人在檳城的史必迪上尉便受卡伊布拉欣所托，委以平定拿律的大任。究竟史必迪上尉是何許人也，為何會被委以重任？

貳、史必迪上尉與旁遮普

史必迪上尉被委以重任與他的身世背景有關。他在印度馬洛烏特（Malout）出生，[88]該地位於印度西北部的旁遮普地區，即錫克人的故鄉。他後來隨家人遷回英國，但成年後，他又於一八五四年回到旁遮普參軍，不久就被擢升為少尉（Ensign），隔年再被升為任陸軍中尉（Lieutenant）。

88 原文為 Merrot，經查證應該是今天的 Malout。見 Gullick, J. M. 1953. Captain Speedy of Larut. *Journal of the Malayan Branch of the Royal Asiatic Society.* 26(3): 8.

圖 30　前來馬來亞前夕的史必迪上尉

（資料來源：Swettenham. 1942. *Foot Prints in Malaya*. London: Hutchinson. P. 36b.）

在旁遮普，他認識了許多錫克人，也學會了當地通行的烏爾都語（Urdu）。一八五八年，他被調派到同屬旁遮普地區的拉合爾（Lahore，今巴基斯坦境內），直到一八六〇年才離開軍隊。可以見到旁遮普其實是史必迪成長的搖籃。

之後，他到過許多地方，包含蘇丹、埃塞俄比亞、厄利垂亞、紐西蘭、澳洲等地去從事軍事服務，[89]間中累積了豐富的經驗，亦升任上尉（Captain）。撰寫史必迪傳的歷史學者 Gullick 更稱他為舉世少見的軍事、政治及語言天才。直到一八七一年前後，他來到馬來亞，並於一八七二年擔任檳城總警長（Superintendent of Police）。當時正值第三次拿律戰爭的爆發，與拿律關係密切的檳城自然無法倖免。他在檳城時也不斷關注當地頭家運送戰爭資源前往拿律的活動。史必迪上尉便是憑著他豐富的政治軍事的經驗，而被卡伊布拉欣相中。

參、威震南邦的史必迪與錫克人

當時，由於英殖民政府並不支持出動政府軍前往拿律，史必迪在總警長這個位置上也難以有所作為。在此情況下，他只好向政府請辭，領了卡伊布拉欣的經費到印度去募兵。在偌大的印度中，他所選擇的募兵地點正是他從前成長與從軍的旁遮普地區，他從那裡招募了一百一十名錫克（Sikhs）和巴坦（Pathans）士兵，[90]並於一八七三年九月前往拿律去鎮壓。

他們的到來對卡伊布拉欣和海山陣營而言，無疑是重大的幫助，卡伊布拉欣也隨即調派了馬來士兵，連同當地的海山成員，一起攻打義興在各處的要塞。在檳城

89 Gullick, J. M. Captain Speedy of Larut. Pp.9-13.
90 Gullick, J. M. Captain Speedy of Larut. P. 15.

的英國海軍則在當地協助切斷拿律義興的戰略物資供應。[91]在多方圍堵下，義興節節敗退，一八七四年一月初，海峽殖民地檳城一眾以陳亞炎為首的義興領袖也透過畢麒麟請求總督克拉克指示史必迪上尉停止攻勢，他們也承諾願意進行和談。此舉最終也促成了該月底的《邦咯條約》[92]。在此一過程中，我們可以見到史必迪及其所領導的錫克軍隊，在拿律亂事的平定中扮演了相當關鍵性的角色，居功不小。

肆、錫克人與警察角色的建立

《邦咯條約》簽訂之後，錫克人並未因此而退出歷史舞臺，而是隨著史必迪上尉以及畢麒麟、瑞天咸等人到拿律去參與戰後的維和工作，協助拆除武裝要塞以及營救婦女。這些任務都不見得是順遂的，當有人拒絕配合時，他們就會協助執法，例如一名海山領袖便因為被指阻撓他們的營救工作而被史必迪勒令當街施以五十下的鞭刑。[93]

拿律平定後，史必迪出任霹靂的副參政司，掌管小霹靂地區（太平一帶），這些錫克人也順理成章地被留了下來擔任軍警人員，協助控制地方。[94]在史必迪的主政下，光是在一八七四年，他所領導的拿律警察便逮捕了七百七十個人。[95]一八七五年在參政司伯治被暗殺所引發的霹靂戰爭裡，錫克人也組成北部編隊（northern

---

91 Gullick, J. M. Captain Speedy of Larut. Pp. 34-37.

92 C.1111 Correspondence relating to the affairs of certain native states in the Malay Peninsula, in the neighbourhood, 1874. Pp. 153-154.

93 Swettenham, A. Frank. 1975. *Sir Frank Swettenham's Malayan Journals, 1874-1876*. Kuala Lumpur, New York: Oxford University Press. Pp. 12-13.

94 Gullick, J. M. Captain Speedy of Larut. P. 44.

95 C.1320 Further correspondence relating to the affairs of certain native states in the Malay Peninsula, in the neighbourhood of the Straits Settlements, 1875. P. 77.

column），協助英軍在上霹靂一帶共同作戰。[96]這些戰績也讓他們在當時仍新的警察部隊中成功卡位。

一八七七年，霹靂成立的第一支警察部隊「霹靂武裝警察部隊」（Perak Armed Police）中，便有二百名錫克警察，佔了部隊人數的近三成（該隊當中也有華人及馬來人）。[97]到了一八八四年，該隊改組為純錫克人的「霹靂錫克第一營」（The First Battalion Perak Sikhs），它是一支規模達到九百人的隊伍。[98]當時的警察除了維持治安之外，還負責民政事務，例如當時霹靂各縣的人口統計數據都是由錫克警隊所負責。[99]或許是拿律的歷史路徑使然，太平在整個十九世紀一直都是霹靂警察總部的所在。[100]

由上可知，錫克人無疑是當時英殖民政府開疆拓土的最好幫手，他們頓時在英屬馬來亞地區中變得炙手可熱，第一批錫克警察也在一八八一年開始被引進海峽殖民地。[101]其他地區的政府也陸續引進錫克人作為警力，像是雪蘭莪在一八八四年也引進了四十名錫克警察，然後人數不斷增加，到了一八八九年，便上升至一百二十八人。[102]這些錫克警察也將錫克教信仰帶來本地，像是吉隆坡茨廠街建於一八九八年的老錫克廟便是其中之一（圖31）。到了一九三一年，全馬來亞已經有約二萬四千餘名的錫克男性，其中，霹靂人數最多，達七千四百餘人，其次是雪蘭莪（近五千人）以及新

---

96 Gullick, J. M. Captain Speedy of Larut. P. 66.

97 Ian Anderson. 2019. Nostalgia: Sikhs and The Perak Police Force. https://www.ipohecho.com.my/v4/article/2019/01/16/nostalgia-sikhs-and-the-perak-police-force

98 Ian Anderson. https://db.ipohworld.org/view.php?type=id&id=892

99 Perak Government Gazette 1889：230.

100 Wright, Arnold., & Cartwright, H. A. (eds.). 1908. *Twentieth Century Impressions of British Malaya: Its History, People, Commerce, Industries, and Resources.* London: Lloyd's Greater Britain Publishing Company. p. 298.

101 Kernial Singh Sandhu. 1969. *Indians in Malaya: Some Aspects of their Immigration and Settlement (1786-1957).* Cambridge: Cambridge University Press. P. 73.

102 Ranjit Singh Malhi. 2017. Early Sikhs were police, convicts and mercenary soldiers. https://www.thestar.com.my/opinion/letters/2017/05/08/early-sikhs-were-police-convicts-and-mercenary-soldiers/

圖 31　吉隆坡老城區早年由錫克警察所組織建立的錫克廟

（資料來源：白偉權攝於二〇一七年一月廿九日）

加坡（九百餘人）。[103] 他們成為殖民統治階層穩定社會治安的主力之一。

伍、深植民心的威武形象

除了公家的警察與軍人之外，許多來到馬來亞的錫克人也投入私人界，民間也開始雇用他們看守房子。這種做法在當時十分普遍，筆者在翻查歷史記錄時，便發現就連當時霹靂甲必丹鄭景貴在太平的宅邸也雇用了孟加里看守（圖32）。此外，與海山結盟的檳城邱公司家族，他們在龍山堂大廟詒穀堂的正門口，也雕塑了一對一老一少的石頭孟加里看守，塑像栩栩如生（圖33）。

103 Vlieland, C. A. 1932. *British Malaya: A Report on the 1931 Census and on Certain Problems of Vital Statistics.* London: Crown Agents for the Colonies. P. 192.

圖 32 太平鄭景貴大宅前的錫克警衛

（資料來源：Wright, Arnold., & Cartwright, H. A. (eds.). 1908. *Twentieth Century Impressions of British Malaya: Its History, People, Commerce, Industries, and Resources*. London: Lloyd's Greater Britain Publishing Company. P. 205.）

圖 33　檳城龍山堂邱公司廟門外的錫克兵石像

（資料來源：白偉權攝於二〇一七年一月廿九日）

到了二十世紀初，錫克人以軍警、守衛的姿態出現在英屬馬來亞，其族群與特定職業結合的印象已經深植民心，錫克人兇悍的外表在本地華人心目中甚至也超越許多中國傳統武將，因此在當時，就連墳墓的守墓翁仲也開始有人將之設計為錫克人的形象，為墓主守墓擋煞（圖34）。目前在義山所發現的錫克人，主要集中在馬來聯邦和海峽殖民地為基底的州屬，這些地區都是英國勢力直接統治的地方。

如今，錫克人已經進入各行各業，也成為了馬來西亞公民，作為印度族群裡面特殊的亞群，他們的事蹟普遍較不受到重視，然而，他們卻是馬來西亞歷史轉折的其中一個重要推手。錫克人在本地紮根或許是歷史的偶然，因為在拿律戰爭以及史必迪上尉個人經歷的契機下，旁遮普人被遠渡重洋招募到此。在史必迪的帶領下，旁遮普人成功平定亂事，使他們得以在拿律的重建和英殖民勢力的擴張中找到立足點，進而以軍警角色鑲嵌進本地社會中，並建立起執法者的形象。如果當時沒有史必迪、沒有拿律戰爭，又或是史必迪不是旁遮普背景的話，那麼本地的族群板塊又將呈現怎樣的面貌呢？

圖 34　新加坡咖啡山墓園上的錫克翁仲

（資料來源：白偉權攝於二〇一四年二月九日）

延伸閱讀與參考資料

C.1111 Correspondence relating to the affairs of certain native states in the Malay Peninsula, in the neighbourhood, 1874.

C.1320 Further correspondence relating to the affairs of certain native states in the Malay Peninsula, in the neighbourhood of the Straits Settlements, 1875.

Gullick, J. M. 1953. Captain Speedy of Larut. *Journal of the Malayan Branch of the Royal Asiatic Society.* 26(3): 3-103.

Gurcharan Singh Kulim. 2015. Sikhs in Early History of Malaysia. https://www.sikhnet.com/news/sikhs-early-history-malaysia

Ian Anderson. 2019. Nostalgia: Sikhs and The Perak Police Force. https://www.ipohecho.com.my/v4/article/2019/01/16/nostalgia-sikhs-and-the-perak-police-force

Kernial Singh Sandhu. 1969. *Indians in Malaya: Some Aspects of their Immigration and Settlement (1786-1957)*. Cambridge: Cambridge University Press.

Perak Government Gazette 1889.

Ranjit Singh Malhi. 2017. Early Sikhs were police, convicts and mercenary soldiers. https://www.thestar.com.my/opinion/letters/2017/05/08/early-sikhs-were-police-convicts-and-mercenary-soldiers/

Swettenham, A. Frank. 1975. *Sir Frank Swettenham's Malayan Journals, 1874-1876.* Kuala Lumpur, New York: Oxford University Press.

Vlieland, C. A. 1932. *British Malaya: A Report on the 1931 Census and on Certain Problems of Vital Statistics.* London: Crown Agents for the Colonies.

Wright, Arnold., & Cartwright, H. A. (eds.). 1908. *Twentieth Century Impressions of British Malaya: Its History, People, Commerce, Industries, and Resources.* London: Lloyd's Greater Britain Publishing Company.

十 被遺忘的《邦咯副約》

一八七四年一月二十日，在霹靂邦咯島岸外一艘名為 Pluto 號的英國船艦上，一眾馬來王國統治者與英殖民官員正對霹靂的前途進行磋商，並簽署條約，它就是馬來（西）亞歷史上著名的《邦咯條約》。《邦咯條約》的簽署不僅標誌著拿律戰爭的終結，也揭開了馬來半島全面進入英殖民時期的序幕。也因為《邦咯條約》的重要性，使它往往成為歷史課必讀、必考的內容。然而，在整起事件中發揮作用的並不只是《邦咯條約》，該條約之外其實還有一份由華人所簽署的副約，它的條文雖然不多，但所產生的效力並不亞於《邦咯條約》。然而，這份華人副約在現今的論述中不常出現，幾乎被人遺忘。因此若只單就《邦咯條約》來理解拿律終戰的話，將造成歷史的缺角。究竟這份被人遺忘的副約為何那麼重要？它在拿律戰爭中又扮演了甚麼角色？

壹、被遺忘的《邦咯副約》

資料上，這份條約並沒有正式的標題，而只是在其抬頭上寫了「華人領袖所簽訂的條約」（Engagement entered into by the Headmen of the Chinese），附在《邦咯條約》之後，安排上像是作為《邦咯條約》的附屬條約。為了方便敘述，本文姑且稱之為「《邦咯副約》」（簡稱「副約」）。這份文件的正本目前尚未被人發現，而目前研究者所引用的資料多是來自 C.1111 的殖民地往來書函檔案（Correspondence）中的鉛字版本。由於《邦咯副約》不牽涉國家主權的重大政治議題，因此一直以來都不在歷史的鎂光燈底下，較少被人留意。

事實上，在《邦咯條約》簽訂的幾個小時之前，[104] Pluto號也接待了一群華人頭家，這群華人就是拿律義興和海山兩派的領袖與礦主，包括海山公司的大哥鄭景貴、義興公司在拿律的全權代表陳亞炎（圖35），以及他們集團底下的礦主：例如伍庚辰、李占魁、Kok Ah Man、Boo Ah Yen等，一共廿七人。

其實在現有的條約史料文本當中，簽約華人的人數是有所爭議的，文本寫明簽名蓋章者共有廿六人（Twenty-Six signatures and seals），然而在上面所列的人名卻有廿七個，這點經常造成研究者的困惑。歷史學者黃存燊便認為，其中一個「Foo Chee Hoey」可能是「扶持會」或「赴席會」，並非人名，表示兩大陣營的領袖出

---

104 C.1111 Correspondence relating to the affairs of certain native states in the Malay Peninsula, in the neighbourhood, 1874. P. 174.

圖 35　拿律海山和義興兩大集團的領袖，鄭景貴（左）和陳亞炎（右）
（資料來源：白偉權二〇一五年一月廿八日攝於馬登綏靖伯廟）

席會議。[105]但筆者在翻查同一份殖民地檔案時，卻在後面發現時任律政司（Attorney General）布萊德（Braddell）所撰寫的報告中，指出當時出席會議的華人共有廿七人，[106]因此在簽約的華人人數上，出現了不同的可能性，究竟是筆誤？算錯？還是臨時多來了一個人，導致事先擬好的條約無法修改？我們不得而知。

英國政府方面則委派了三名專員參與談判，他們是畢麒麟、蘭德（Randell）以及Chong Marcus。畢麒麟是當時殖民政府唯一一名通曉各大華人方言（主要是福建話和福州話）及會黨事務的英籍官員，他也是未來管理華人社會的華民護衛司（圖36）。Chong Marcus則是馬六甲的土生客家人，是唯一一位代表英方的華人。他的背景相當特殊，是馬六甲秘密會社福明會的領袖，[107]但長期擔任海峽殖民地政府的通譯員。他的出現，相信是和客家話的通譯有關，他在這次會談中擔任通譯的工作。至於蘭德，資料上較難找到有關他的資訊。

貳、《邦咯副約》的內容

相對於《邦咯條約》的十四條條文，這份副約的條文不多，僅有五項，當中列明了海峽殖民地總督對於拿律事務的裁決：

（1）兩大陣營必須解除武裝以及拆除（在拿律各處的）武裝柵欄（stockade）。

（2）兩大陣營將可以自由地回到拿律的礦場工作。

（3）一名或多名海峽殖民地官員連同兩名華人將作為專員，解決拿律礦地所有權等各種問題。該兩名華人由兩大陣營中選出，這些英國及兩名華人

105 黃存燊（1965），《華人甲必丹》，新加坡：國家語文局。頁 114-115。

106 C.1111 Correspondence relating to the affairs of certain native states in the Malay Peninsula, in the neighbourhood, 1874. P. 174.

107 Blythe, Wilfred. (1969). The Impact of Chinese Secret Societies in Malaya: A Historical Study. London, Kuala Lumpur: Oxford University Press. Pp. 198-199, 255.

圖 36 在調解拿律兩派華人事務上扮演關鍵角色的畢麒麟

（資料來源：Pickering, W. A. 1898. Pioneering in Formosa: Recollections of Adventures among Mandarins, Wreckers, & Head-hunting Savages. London: Hurst & Blackett.）

專員的決定或他們之中的大多數決定，將被視為是最終定案。

（4）未來礦區內的引水安排，將依據霹靂參政司和拿律副參政司所制訂的規則和指示進行，他們的決定將被視為是最終定案。

（5）此一安排得到霹靂蘇丹的認可，並經由他所委派的官員來加以執行。出席此會議並認同此一安排的人也須同意交出保證金，確保上述安排的有效性。

上述五項條文可以分為兩方面來解讀，首先，第一項和第二項主要是針對戰爭的停火協議，好讓拿律礦場能夠很快地恢復生產。接下來則是解決拿律錫礦生產長久以來的結構性問題。若回顧過去拿律戰爭衝突點，往往都離不開水源和土地的糾紛，雖然過去兩派的衝突最終都能得到調解，但由於生產與管理方式不變，使得同樣的要素不斷重複成為兩派衝突的導火線，像是第三次拿律的爆發，便是起源於同樣的導火線。因此《邦咯副約》將礦區內的所有生產資料收歸英殖民政府手中，等同於從經濟生產結構上解決了造成衝突的潛在因素。

從這些裁決可以得知，英國人在條約內容的設計上費盡了心思，若非對拿律的問題有充分研究，恐怕很難設計出這樣的契約條文。雖然條約順利簽定，但在條約簽署之後，英國人要如何確保華人在事後能夠遵循契約精神？

參、條約效力的迷思

事實上，條約簽訂與履約之間並沒有必然的關係，經驗上也有不少簽約之後成為「過海神仙」的案例，至今亦然。對於這些人性問題，經驗老到的英國人當然深諳此理，因此條約設計者在條文中的最後一則作了巧妙的安排，它要求與會者繳付保證金，確保條約日後的有效性。至於此保證金的金額，英國當局也在副約五條條文底下的總結段落做出說明，表示所有與會者需繳交五萬元叻幣的保證金。換句話說，繳納保證金這一條款成為整個《邦咯副約》的殺手鐧。

究竟一八七四年的五萬元是什麼樣的概念？根據殖民政府的經濟報告，它相當於拿律礦產豐盛時，一個月的錫礦出口總值。[108] 看到這裡，我們不禁要想，當時前來簽約的華人頭家是否有可能會攜帶鉅款前來邦咯繳納保證金？答案當然是否定的。那麼，他們簽約完畢回返拿律之後，是否又會乖乖地拿出五萬元送交英國人？若不是的話，要如何避免他們「走數」？這個在《邦咯副約》裡頭並沒有交代。所幸，在海峽殖民地總督克拉克（Sir Andrew Clarke）給金伯利伯爵（Earl of Kimberley）的信函中，為這一問題提供了解答。

108　C.1111 Correspondence relating to the affairs of certain native states in the Malay Peninsula, in the neighbourhood, 1874. P. 83.

肆、保證金與華人的逐利心態

一八七四年一月廿五日，在《邦咯條約》成功簽署之後的五天，克拉克給倫敦的殖民大臣金伯利伯爵寫了一封長信，向頂頭上司報告拿律戰爭的發生及成功化解的始末。他在第廿八段表示，簽約的兩派華人領袖，他們大多都居住在檳城，並在這個英國直接控制的屬地擁有大量的房產，他們都已經將價值五萬元的房產進行抵押，作為遵守條約精神的保證金。[109]事實上，許多投資拿律的華人不僅在海峽殖民地擁有大量資產，他們甚至還入籍英國以獲得各種制度上的好處。他們在拿律所賺取的經濟利益，大部分也都在海峽殖民地享受。像是鄭景貴在檳城的宅邸永遠都比在拿律的來得豪華（圖37）。由此可見，英政府在其所控制的地區實施強制抵押令，

---

109 C.1111 Correspondence relating to the affairs of certain native states in the Malay Peninsula, in the neighbourhood, 1874. P. 72.

圖 37　拿律礦家鄭景貴在檳城的豪華房產
（資料來源：白偉權攝於二〇一三年八月廿九日）

這一做法多少發揮了正面的作用。

此後，拿律恢復和平，當地再沒有發生大規模的華人衝突，這一結果是否全然歸功於五萬元保證金的威力？我們不得而知，但卻可以從中反映出英國人對於華人逐利性格的理解，希望藉此加強條約的約束力。

總體而言，這份華人所簽訂的《邦咯副約》對於拿律戰爭的終止及邊區華人社會關係的調整有著重要的意義。拿律戰爭實質上是一場因為華人錫礦經濟而引起的戰爭，馬來政治集團間的惡鬥反而是後來的事。因此在整起事件中，若只是以馬來統治者的《邦咯條約》來理解拿律戰爭，是非常吊詭的。反觀這份副約所處理的，正是錫礦生產的問題，它從結構上確保了契約精神被有效地實踐，使戰爭日後不再像先前一樣，周而復始地發生。因此它在拿律戰爭的停戰中扮演了比《邦咯條約》更直接的角色。

延伸閱讀與參考資料

C.1111 Correspondence Relating to the Affairs of Certain Native States in the Malay Peninsula, in the Neighbourhood, 1874

Pickering, W. A. 1898. *Pioneering in Formosa: Recollections of Adventures among Mandarins, Wreckers, & Head-hunting Savages.* London: Hurst & Blackett.

Birch, James Wheeler Woodford. 1976. *The Journals of J. W. W. Birch: First British Resident to Perak, 1874-1875.* Kuala Lumpur; London: Oxford University Press.

Blythe, Wilfred. 1969. *The Impact of Chinese Secret Societies in Malaya: A Historical Study.* London, Kuala Lumpur: Oxford University Press.

Swettenham, A. Frank. 1975. *Sir Frank Swettenham's Malayan Journals, 1874-1876.* Kuala Lumpur, New York: Oxford University Press.

白偉權（2016），《國家、產業與地方社會的形構：馬來亞拿律地域華人社會的形成與變遷(1848-1911)》，臺北：國立臺灣師範大學地理學系博士論文。

黃存燊（1965），《華人甲必丹》，新加坡：國家語文局。

十一 怡保大鐘樓與拿督沙谷廣場的超時空咒怨

如果你是怡保人或是到過怡保的人，對於矗立在怡保火車站對面的歐式白色大鐘樓必定不會陌生。這座鐘樓既雄偉又典雅，是過去殖民政府統治實力與威信的展現。這座鐘樓名為伯治紀念鐘樓（Birch Memorial Clock Tower），是為了紀念在一八七五年暗殺事件中犧牲的霹靂第一任參政司伯治（James Wheeler Woodford Birch）而建。或許旅客們在打卡的同時，並不知道伯治是誰，更不會留意到伯治鐘樓右後方的馬來小食中心拿督沙谷美食廣場。殊不知，這兩棟比鄰的建築，實際上有著穿越百年的咒怨。（圖38）。

圖 38　怡保大鐘樓與拿督沙谷廣場

（資料來源：白偉權攝於二〇一七年二月八日）

壹、後《邦咯條約》的挑戰

這段超時空的百年咒怨始於一八七四年，由霹靂馬來統治者、拿律義興及海山兩造華人領袖，以及英殖民政府所簽署的《邦咯條約》。這紙條約結束了拿律礦區以至霹靂蘇丹王位紛爭的亂局。在英國人的斡旋下，阿都拉受承認為霹靂蘇丹，惟在新的體制下，霹靂執政權將由英國所主導，意即蘇丹只是政權的代表，英國官員是以蘇丹之名來統治霹靂。

新的安排看似明確，但實踐起來處處充滿挑戰。一來，這是前所未有的嘗試。英國先前取得的海峽殖民地管理經驗，都是由英國直接管轄。此次與馬來統治者共同管理霹靂這個馬來王國，對於英殖民政府來說，是一項新的嘗試。二來，在迫於無奈之下所簽署的條約，往往在後續的實踐上是兩回事，畢竟成功繼任蘇丹之後，必須放棄蘇丹傳統應有的權力並非易事，而底下一眾馬來封地主同時也將喪失原有的徵稅權等傳統特權，從原來的特權階級成為殖民政府治下的公務員。另一個最直接的影響是，馬來領袖蓄奴以及對底下人民施行強迫勞動的權力，以及發包餉碼權予華人頭家的權力也將會被禁止。

由此可見，英國進入霹靂所影響到的利益集團是十分龐大的，因此要如何應對來自馬來統治階層的挑戰，在霹靂建立新秩序？道阻且長。

貳、伯治粉墨登場

在此嚴峻背景之下，海峽殖民地總督必須委派值得信賴，同時又有著極強辦事能力，能徹底貫徹殖民政府意志的官員來處理霹靂的問題。在當時眾多官員中，被萬里挑一的，就是今天故事的主人翁伯治了（圖39）。那麼伯治又有什麼條件使他能通過「海選」呢？

圖 39　壯烈犧牲的第一任霹靂參政司——伯治

（資料來源：Wright, Arnold., & Cartwright, H. A. (eds.). 1908. *Twentieth Century Impressions of British Malaya: Its History, People, Commerce, Industries, and Resources*. London: Lloyd's Greater Britain Publishing Company. P. 858.）

伯治算是相當具有經驗的官員。他曾在錫蘭（今斯裡蘭卡）服務，在當地執行水利灌溉工程方面有著亮眼的表現。一八七〇年，他被調到海峽殖民地擔任輔政司（Colonial Secretary）這一要職。他辦事方式果斷俐落，能把政府政策執行到底，因此備受賞識。[110]

當然，在整個殖民公務員體系當中，也不乏一些具有優秀能力的殖民地官員。必須留意的是另一個巧合，他當時剛剛喪妻，只有四個孩子，同時他在新加坡的一次餉碼中失利，因此負債。對於失去妻子恢復單身這件事，歷史學者認為，這對於伯治的任選相當關鍵，因為許多有家室的官員，在得知將被派駐邊陲地區後，往往會以各種理由推搪。

110　見 Burns, P.L. (ed.). 1976. The Journals of J.W.W. Birch, First British Resident to Perak, 1874-1875. Kuala Lumpur: Oxford University Press. P. 7.

當時確有一些單身且辦事能力強的官員，像是時為官學生的瑞天咸以及剛從福爾摩沙（臺灣）來馬來亞的畢麒麟，但兩人畢竟年紀太輕，尚須積累經驗。在此情況下，伯治成為霹靂參政司的不二人選。111

伯治身負重任，霹靂是英國勢力進入馬來邦國的第一塊試金石，他必須創建出一套與馬來官員共治的治理模式。若站在老子道家的角度，「禍兮福之所倚，福兮禍之所伏」，伯治先前的亮眼表現，也使他承接了霹靂這塊燙手山芋，深入險境。

參、與馬來統治階層的衝突

一八七四年三月，伯治連同瑞天咸等一眾官員從新加坡出發，前往霹靂進行始政前的安排。到了霹靂，他們沿著霹靂河一直往江沙的方向溯源，沿途也拜會了不同的馬來貴族。儘管伯治提出英治時代所將會有的轉型與安置，但大家對於英國的安排接受程度不一。

貴族們難以想像自己沒有徵稅權，也無法停止行之已久的徵稅習慣，即使是在《邦咯條約》中受承認的蘇丹阿都拉，也仍舊與一眾馬來貴族繼續在不同地區徵稅。在過去，船隻只要經過所管轄的河段，馬來封地主都可以對其徵收百分之十的稅收。

即使到了一八七四年十月，伯治正式走馬上任霹靂參政司時，王位以及蘇丹權力問題尚未有效解決，《邦咯條約》形同虛設。為此，伯治在接下來的日子裡，繼續游走於霹靂各大河川，去遊說馬來領袖，試圖確保條約精神得到貫徹。

111　見 Burns, P.L. (ed.). 1976. The Journals of J.W.W. Birch, First British Resident to Perak, 1874-1875. Kuala Lumpur: Oxford University Press. Pp. 8-9.

在此過程中，坊間早已流傳對於伯治的死亡恐嚇，恐嚇內容甚至也傳到伯治耳中。但伯治毫不畏懼，還表示「即使殺了我，還有十個我」（*If one Mr. Birch is killed, ten Mr. Birch will take this place*）[112]，可以見得兩造關係劍拔弩張。之後，伯治以一貫的強硬作風，繼續游走於各馬來封地之間。

肆、巴絲沙叻事件之謎

一八七五年十一月一日晚上，伯治一行人來到霹靂河中下游的巴絲沙叻（Pasir Salak）。這裡是馬哈拉惹里拉（Maharaja Lela）的村莊，他是反對英國徵稅禁令的馬來貴族，也是霹靂八大貴族之首。

伯治當時因為腳踝扭傷，因此委派通譯去面見馬哈拉惹里拉，但不得其門而入。在協商不果之後，伯治諭令隨從把三張禁令張貼在村中。這時，巴絲沙叻對岸甘榜牙也（Kampung Gajah）的馬來領袖拿督沙谷（Dato Sagor）領著約五十名全副武裝的侍從，前來質詢伯治。伯治解釋了發佈禁令的原因，以及未來對於霹靂的治理模式，但毫無結果。

隨後伯治就去洗澡。接下來，就是馬來西亞歷史課本中的著名情節「巴絲沙叻事件」了。中學時總會好奇，伯治這麼「大咖」的官員，為何會在洗澡時沒有防備，沒有人保護？在如此開闊的河裡洗澡，難道不會發現有人接近自己嗎？

對此疑問，筆者在學者本恩（P.L. Burns）編輯的《伯治日記》（The Journals of J.W.W. Birch）導論中，得到了解答。伯治並未在河裡洗澡，而是在河邊以棕櫚葉搭建的澡房洗澡。澡房外面有哨兵駐守，因此伯治可以很專心地洗澡。

---

112 見 Burns, P.L. (ed.). 1976. The Journals of J.W.W. Birch, First British Resident to Perak, 1874-1875. Kuala Lumpur: Oxford University Press. P. 36.

趁著伯治洗澡時，馬來人便對其發動突襲，以長矛刺進棕櫚葉澡房，伯治當場斃命。由於事發突然，澡房外的哨兵也跳入河中逃生，其餘的馬來人也開始對伯治其他同行者發動攻擊，伯治一行人死傷慘重。這位霹靂首位參政司上任短短一年，便被暗殺了。他身亡當天是十一月二日，正好是開齋節。

伯治最終安葬在班達峇魯（Bandar Bahru，按：Bandar 在馬來語中為「城鎮」的意思，Bahru／Baru 則為「新」），即他打算建立霹靂新首府的地方（約位於現今安順老城區北部九公里處）。值得一提的是，原本與伯治同行的瑞天咸，在十月廿八日便與伯治分道揚鑣，繼續溯河而上，前往江沙附近的沙容（Sayong），而躲過一劫。

伍、英國發兵鎮壓

伯治的死亡讓海峽殖民地總督的霹靂政策受到很大的挫折，也觸發了英國正式對霹靂出兵，採取武力鎮壓。戰爭在一八七六年中旬結束，直接參與暗殺行動的馬哈拉惹里拉、拿督沙谷和班達因督（Pandak Indut）被判處絞刑。行刑時，馬哈拉惹里拉還大喊「敢做敢死」（Berani buat berani mati），確實稱得上英雄。

為了安撫與穩定馬來社會，其他層級更高的馬來統治階層，如蘇丹阿都拉（圖40）、拿律封地主卡伊布拉欣（Ngah Ibrahim）、Laksamana、Shahbandar 並未被判刑，而是流放至非洲的海島塞席爾，蘇丹大位則由拉惹尤索夫（Raja Yusuf）擔任。英國最終得以控制霹靂，海峽殖民地總督委任休羅（Hugh Low）接任霹靂參政司。

圖 40　蘇丹阿都拉及一眾馬來貴族和隨從

蘇丹（中間坐者）後方站立者中，左一頭戴橫布帽者是馬哈拉惹里拉，右一持刀者是拿督沙谷。

（資料來源：Cheah Boon Kheng. 1998. Malay Politics and the Murder of J. W-W. Birch, British Resident in Perak, In 1875: The Humiliation and Revenge of the Maharaja Lela. *Journal of the Malaysian Branch of The Royal Asiatic Society*. 71(1): 76.）

陸、伯治紀念鐘樓

霹靂戰爭後，當地正式進入英治時代。對英國人而言，伯治無疑是大英帝國對外擴張過程中，為國犧牲的烈士，他的死重於泰山。

在伯治犧牲的約三十年後，為了紀念他為霹靂帶來法治與和平安定，霹靂一些官員以及商人于一九〇六年開始，提議建立鐘樓以紀念伯治，並開始組織特別委員會對外募資、徵集設計稿。這個委員會的陣容包含怡保和太平的醫官康諾利（R.M. Connolly）、著名實業家貝克（Charles Alma Baker）、學者艾德葛（Peter Galstann Edgar）、礦家努特（H.F. Nutter）、華人礦家胡子春等人。胡子春是該委員會的主席。[113]

113 Birch Memorial Fund. Pinang gazette and Straits chronicle, 20 April 1906, Page 5.

一九〇九年，伯治逝世後的第三十四個年頭，委員會在舊街場山崗上的政府部門區建立了紀念伯治的鐘樓，並在年底舉辦了盛大的開幕儀式。鐘樓由新加坡的歐洲建築事務所所設計，耗資二萬五千英鎊，採文藝復興式的建築風格，高七十二尺，[114]俯瞰著整個怡保市區。

鐘樓四面磁磚畫上四十四位人物壁畫，包含了東西方各地著名哲學家、專業人士、文學家、英雄人物，像是釋迦牟尼佛、孔子、老子、穆罕默德、摩西、亞歷山大大帝、牛頓、莎士比亞等。鐘樓最高四個角落則有四尊分別代表正義、忠誠、耐心、剛毅的人物塑像。[115]此外，鐘樓正前方也設置了伯治的半身青銅像。

鐘樓氣宇非凡，標誌著大英帝國國力的鼎盛，也標誌著英國在三十年間已經完全控制霹靂。

有趣的是，當時的霹靂參政司是小伯治（Ernest Woodford Birch）。他繼承父業，擔任第八任參政司（一九〇四—一九一〇）。開幕當日，主賓是海峽殖民地總督兼馬來聯邦最高專員安德森（John Anderson），霹靂蘇丹依德里斯（Sultan Idris）和一眾馬來領袖也是座上嘉賓。蘇丹依德里斯更是鐘樓的主要贊助人。[116]

此舉一方面展現了英籍參政司與馬來統治者共治的成果，另一方面也昭示著馬來統治階層與英帝國的主從關係、對伯治地位的承認以及懺悔。

---

114 The Birch Memorial: Design of Singapore Architects Accepted. Straits Budget, 18 April 1907, Page 11; Ipoh En Fete: Opening Birch Memorial. *The Singapore Free Press and Mercantile Advertiser (Weekly)*, 9 December 1909, Page 14.

115 Ipoh En Fete: Opening Birch Memorial. *The Singapore Free Press and Mercantile Advertiser (Weekly)*, 9 December 1909, Page 14.

116 Birch Memorial Fund. Pinang gazette and Straits chronicle, 20 April 1906, Page 5; The Birch Memorial. *The Straits Times*, 3 December 1909, Page 6

圖 41 伯治紀念鐘樓上方的塑像

（資料來源：白偉權攝於二〇一七年二月八日）

一九〇〇年代的怡保仍處於持續發展的階段，是馬來聯邦中最具活力的城市之一。此後的數年間，怡保市區陸續可以見到以英殖民官員所命名街道、建物。

舉凡在霹靂或怡保擔任過公職的，很多都能夠在怡保找到其名字命名的街道、建築，像是安德森的 Anderson Road、第四任參政司休羅的 Hugh Low Street、第六任參政司迪理徹（William Hood Treacher）的 Treacher Street、第九任參政司貝路菲（Henry Conway Belfield）的 Belfield Street、第十一任參政司休謨（William James Parke Hume）的 Hume Street、近打縣官波士達（Edward John Brewster）的 Brewster Road、康諾利的 Connolly Road，以及以小伯治命名的橋樑和噴泉等等。[117]

殖民政府就以這種方式，即透過紀念物的建設，展示英殖民政府的力量。

117　見 Surveyor-General, Federated Malay States (F.M.S.) and Straits Settlements (S.S.). 1930. Town of Ipoh, Perak, Federated Malay States,1930。

柒、去殖民化運動下的地景再造

二戰之後，全球各地開始了一波波的去殖民化運動，馬來亞也一樣。大英帝國雖然以戰勝國的姿態重返馬來亞，但面對洶湧的獨立運動浪潮，英國始終只能是「疲憊的沙灘」。作為馬來王國之中被英國殖民的先行者，霹靂在馬來亞的去殖民化工作上，也有著「亮眼的表現」。

一九五六年，開始有馬來穆斯林群體，即泛馬回教協會（All-Malaya Muslim Missionary Society）霹靂支會提出抗議，認為大鐘樓正面的穆罕默德畫像嚴重侮辱伊斯蘭教，要求當局將畫像去除。[118]

一九五七年，馬來亞正式獨立，馬來人終於重回自己當家作主的時代。隔年三月，聯盟巴西布爹（Pasir Puteh）議員莫哈末尤索夫（Mohmed Yusoff Haji Ahmad）在市議會建議，將伯治半身青銅像移除，同時也附和穆斯林群體的建議，刮除大鐘樓上的穆罕默德像。[119]

到了七月，霹靂工務局派員在兩個小時內將畫像刮除（圖42）。[120] 至於伯治半身銅像，雖然迎來一些反對聲浪，但最終還是在州政府的同意[121]下被移除。伯治鐘樓的穆罕默德像和伯治銅像的移除只是個開端，其它去殖民行動陸續有來。

在新時代裡，最顯著的去殖民行為是街路名的更換。昔日官職越大、被認為貢獻越多的人物路名，被替換的順位就越高，而被用來取而代之的，主要是能夠彰

118 Trouble over a Clock Tower. *The Straits Times*, 4 March 1956, Page 6.

119 Bid to Get Rid Of Briton's Bust. *The Straits Times*, 29 March 1958, Page 7; Bust of Birch to Be Pulled Down. *The Straits Times*, 30 August 1958, Page 8.

120 Workman Obliterates Painting of Prophet. *The Straits Times*, 17 July 1958, Page 6.

121 〈吡叻州政府同意拆除怡市鐘樓上墨治銅像此項建議原出自一巫籍市議員市議會表示不便提意見〉，《南洋商報》，1958 年 9 月 4 日第 13 版。

圖 42 被刮除的穆罕默德像

（資料來源：白偉權攝於二〇一九年二月十二日）

顯馬來民族主義的馬來君王及英雄人物。像是總督Anderson Road被更名為Jalan Raja Musa Aziz、參政司Belfield Street改為Jalan Sultan Yusuf、Hugh Low Street改為Jalan Sultan Iskandar、Treacher Street改為Jalan Bijih Timah、Hume Street改為Jalan Masjid、縣官Brewster Road改為Jalan Sultan Idris Shah、醫官Connolly Road改為Jalan Tun Perak。

值得注意的是，會以殖民政府高官命名的街路，往往都是怡保市區中的黃金地段或重要幹道，因此改名之後，市民也會十分有感。此外，伯治鐘樓對面的政府部門用地上的政府大廈和華民護衛司署，則是在一九六〇年代中被拆除，原地建立以蘇丹伊德利斯沙二世（Sultan Idris Shah II）為名的州回教堂。

怡保從一個具有濃厚殖民風情的城市，「華麗轉身」成為馬來風味濃厚的市鎮。

捌、伯治，問你死未？

至於用以紀念被刺殺首任參政司的伯治紀念鐘樓，雖然在去殖民浪潮下「斷尾求生」（穆罕默德像被刮除、伯治銅像被移除）式地被保留下來，有關當局卻仍是以一種十分具有創意的方式來「招呼」這位首任參政司。

首先，鐘樓前後的火車頭路（Station Road）和郵政局路（Post Office Road）——前者因為直通火車站，後者因為開過郵政局而得名，並非紀念殖民人物，屬較為中性的街路名。然而，或許是拜「伯治」所賜，兩條道路躺著中槍，前者改為 Jalan Dato Maharaja Lela，後者改為 Jalan Dato Sagor，以紀念兩位刺殺伯治的馬來民族英雄（圖43）。大鐘樓所在的廣場，也被改名為 Dataran Dato Sagor。

從空間上來看，這些地標關係微妙，Jalan Dato Sagor 和 Jalan Dato Maharaja Lela 兩條路前後包抄，而 Dataran Dato Sagor 則包圍著伯治紀念鐘樓，不斷重演著

圖 43　怡保市區的拿督沙谷路
（資料來源：白偉權攝於二〇一七年二月八日）

百年前伯治被兩人暗殺的戲碼，猶如穿越時空的咒怨（圖44）。

無獨有偶，在太平市區和吉隆坡市中心（隆雪華堂、林連玉基金會前），以小伯治命名的道路（Birch Road），也在被當局以殺父仇人馬哈拉惹里拉的名字取代。

英殖民時期破壞法治的不良分子，到了新時代後搖身一變，成了馬來民族英雄。夕陽西下，穿越百年的拿督沙谷、拿督馬哈拉惹里拉、伯治由郊外的巴絲沙叻轉移戰場，矗立在怡保市區，每天伴隨著霹靂州回教堂的朗朗誦經聲，繼續迎接下一個百年。伯治兄，問你死未？

圖 44　伯治、拿督沙谷、馬哈拉惹里拉紀念物的分佈圖
（資料來源：白偉權截圖、繪製）

延伸閱讀與參考資料

Burns, P.L. and Cowan, C.D., (eds.). 1975. *Sir Frank Swettenham's Malayan Journals, 1874-1876*. Kuala Lumpur: Oxford University Press.

Burns, P.L. (ed.). 1976. *The Journals of J.W.W. Birch, First British Resident to Perak, 1874-1875*. Kuala Lumpur: Oxford University Press.

Cheah Boon Kheng. 1998. Malay Politics and the Murder of J. W-W. Birch, British Resident in Perak, In 1875: The Humiliation and Revenge of the Maharaja Lela. *Journal of the Malaysian Branch of the Royal Asiatic Society*. 71(1): 74-105.

Ho Tak Ming. 2014. *Ipoh: When Tin Was King*. Ipoh: Perak Academy.

Mariana Isa and Maganjeet Kaur. 2015. *Kuala Lumpur Street Names: A Guide to Their Meaning & Histories*. Singapore: Marshall Cavendish.

Wright, Arnold., & Cartwright, H. A. (eds.). 1908. *Twentieth Century Impressions of British Malaya: Its History, People, Commerce, Industries, and Resources*. London: Lloyd's Greater Britain Publishing Company.

十二　陳秀連的跨域事蹟與拿律在歷史上的地理意義

從歷史的角度而言，拿律戰爭是馬來西亞近代史的重要轉折點，這場礦區衝突迫使英國介入馬來半島各邦的政治，拉開了本區全面進入英殖民統治的序幕，因此拿律在歷史上扮演著舉足輕重的角色。若站在地理的角度觀之，拿律這個礦業市鎮對於中馬地區（特別是霹靂、雪蘭莪兩州）的現代化進程同樣功不可沒，究竟拿律如何在馬來半島的地理空間上發揮影響力？這段過程正好展現在陳秀連前來異域重生的事蹟當中。

壹、陳秀連的吉隆坡性

陳秀連是馬來西亞著名的華族歷史人物，這個名字至今仍相當為雪隆地區的居民所熟知，陳秀連路、陳秀連輕鐵站（圖45）、陳秀連道路收費站，甚至諸多以陳秀連為名的陳秀「蓮」蒸魚頭店，[122]都是本區居民日常生活中經常能夠聽到或見到的名詞。此外，熟知吉隆坡歷史的人也會知道陳秀連開辦的礦場遍佈雪隆地區，當地歷史悠久的陳氏書院、仙四師爺廟、雪蘭莪中華總商會等社會核心的創建和管理也都與他有著密切的關係（圖46），陳氏可謂雪隆地區發展的重要推手之一。有鑑於此，陳秀連的名字與吉隆坡高度鑲嵌，成為具有吉隆坡意象的人物，無形中也使

---

122 過去在陳秀連路有經營蒸魚頭的攤販，後來因為受到老饕們的青睞，因此越來越多的蒸魚頭攤販以陳秀連為店名。由於馬來西亞並無中文路名，因此許多人只知到 Chan Sow Lin，對其中文名就有無限的想象空間。因此女性的菜市場名—陳秀蓮便成為大家最常詮釋的結果。如今，陳秀蓮蒸魚頭已經遍佈雪隆各地，成為人們日常生活的一部分。

圖 45　吉隆坡的陳秀連（Chan Sow Lin）輕鐵站
（資料來源：白偉權攝於二〇二三年十二月十九日）

圖 46　吉隆坡四師爺宮以陳秀連為首的產業受託人
（資料來源：白偉權攝於二〇一〇年二月四日）

圖 47　以陳秀連為首的陳氏書院創辦人碑記

（資料來源：白偉權攝於二〇一四年七月十八日）

他拿律的身份逐漸被人遺忘。

貳、礦家的搖籃——拿律

事實上，「礦家」並不是一天就煉成的，因此他們養成的過程很重要。所謂的「養成」，包含資本、技術，以及管理經驗的累積與習得。陳秀連這一輩馬來亞礦家的栽培階段多在十九世紀六十至七十年代間。這期間馬來半島的礦區並不多，主要落在拿律、雙溪烏絨（Sugai Ujong）、馬六甲內陸，以及巴生谷的安邦（Ampang）等地。由於當時雪蘭莪以及近打大部分地區尚未發現錫藏，加上技術限制，故尚未被大規模開發。因此綜觀現有的礦區，又屬拿律規模最大，使得大量人口移入，也成為日後許多大礦家的搖籃。

拿律的開發與發展有賴於檳城資本與人力的挹注，最早前往拿律開荒的便是檳

圖 48　穿著清裝的陳秀連

（資料來源：Wright, Arnold., & Cartwright, H. A. (eds.). 1908. *Twentieth Century Impressions of British Malaya: Its History, People, Commerce, Industries, and Resources*. London: Lloyd's Greater Britain Publishing Company.。）

城海山、義興及大伯公會的成員，像是鄭景貴、劉三和、李亞坤、胡維棋、邱天德等人，他們可說是第一代的礦家，這些人進入拿律創造出經濟產值之後，也促使了大批的勞工及管理階層的移入，本文的主人翁陳秀連便是其中之一，是為第二代的礦家。陳秀連生活在十九世紀末至二十世紀初，與之同一時期出自拿律的礦家還有著名的陸佑、胡子春、鄭大平等人，他們夾帶著雄厚的資本，從拿律到各地發展實業、開發市鎮，為殖民地帶來現代化，深受殖民政府所倚重。

參、拿律海山派養成的陳秀連

陳秀連一八四五年出生於廣東番禺，他在廿二歲（一八六七年）那年南來檳城，再輾轉到拿律的礦場工作。這時期的拿律已經開發了十八年，也曾經發生過兩次的礦區衝突。在拿律的四邑（義興）和五邑（海山）兩大派系之中，陳秀連的祖籍地番禺剛好是主導海山的五邑之一，自然成為海山的一員。

陳秀連來到拿律之後，便在海山二哥劉三和的礦場底下學習礦務。劉三和地位僅次於鄭景貴，但他更常居住在拿律，是拿律海山礦區的主要管理者。因此在劉三和底下，陳秀連很快便學有所成，並展露頭角。根據清末（一九〇八年）英國人賴特（Arnold Wright）的記載，陳秀連最大的成就在於泥井制度的發明。[123]

「泥井」是一種挖掘隔沙的勞力專業分工制度，故它也可理解為一個專門挖掘隔沙的苦力集團。陳秀連所領導的苦力集團游走於礦場之間，專為錫礦公司提供挖掘工作的服務。[124]在錫礦資源不穩定的特性之下，陳秀連的泥井制度讓錫礦公司節省了龐大的勞力成本，令公司不至於因為礦源的枯竭而出現勞資問題，營造了更穩定的產業環境。因此許多人也紛紛效法，成立泥井公司，陳氏可謂創造出新的行業領域。在今天太平的百年老廟、義山碑文，如粵東古廟、福德祠、鳳山寺、福建義山，還可以見到百年前許多泥井商的捐獻紀錄（圖49）。

除此之外，陳秀連也曾參與過第三次拿律戰爭，期間，他協助海山陣營運送戰略物資，年輕的他也在兩派之間居中協調，促成兩派前輩們的談判和解，因此對於《邦咯條約》的順利簽訂功不可沒。

拿律及霹靂進入英治時期之初，陳秀連也協助英方鎮壓馬來社會的反抗勢力。[125] 拿律戰爭之後，年紀已達而立之年的他也離開劉三和的礦場，自行開辦錫礦公司，他隨後也與陸佑在霹靂參政司手中投得長達六年的總餉碼（General Farm）承包權。

---

123 Wright, Arnold., & Cartwright, H. A. (eds.). 1908. *Twentieth Century Impressions of British Malaya: Its History, People, Commerce, Industries, and Resources.* London: Lloyd's Greater Britain Publishing Company. Pp. 131-132.

124 Pasqual, Joseph Christopher. 1895. Chinese Tin Mining in Selangor I. *The Selangor Journal: Jotting Past and Present.* 2(4): 25-29; Wong, Lin-Ken. 1965. *The Malayan Tin Industry to 1914, with Special Reference to the States of Perak, Selangor, Negri Sembilan, and Pahang.* Tucson: University of Arizona Press.

125 Social and Personal., *The Straits Times*, 10 June 1927, Page 8

圖 49　甘文丁粵東古廟中的泥井公司捐獻紀錄

（資料來源：白偉權攝於二〇一五年一月廿七日）

此外，一八八二年甘文丁粵東古廟建立時，也可見到陳秀連的社會參與。

從陳秀連創設泥井制度、拿律戰爭中的斡旋、協助英軍平定霹靂，以及後來的餉碼承包、自辦礦場可以看出，陳秀連的處事能力以及和英國人之間的關係，早在拿律時期便已經歷練成形，累積了厚實的資本、技術、管理經驗，甚至社會關係網。這些在拿律所累積的要素都是成為陳秀連日後在雪蘭莪發展的基石。

肆、從拿律到雪隆

拿律的礦源在一八七〇年代之後就已逐漸枯竭，所幸，在《邦咯條約》簽訂之後，隨著霹靂、雪蘭莪、森美蘭、彭亨陸續納為英治的馬來聯邦，無形中也促進了資本和人員在區域間的擴散，不少拿律礦家夾帶著先前所累積經驗與資本前往各地發展，其目的地又以近打地區最多。由於地理上的鄰近性，也有不少人前往雪蘭莪，

圖 50　陳秀連在甘文丁粵東古廟中的捐款紀錄

（資料來源：白偉權攝於二〇二三年十二月廿五日）

較早前去的是陸佑，陳秀連後來也緊隨著陸佑的腳步前往雪隆一帶發展，並定居於時為馬來聯邦的新都城——吉隆坡。

雖然雪蘭莪早已是葉亞來等人的天下，但在新的殖民政府統治下，舊有的勢力界線已經被打破，故可在該區見到許多霹靂或檳城背景的北馬礦家的活動蹤跡。陳秀連大約在一八九三年投資雪蘭莪，他開設陳記商行，投資新街場、瓜拉雪蘭莪、烏魯冷岳（Hulu Langat）、叻思（Rasa）、巴生（Klang）、淡江（Ulu Klang）、沙登（Serdang）、文良港（Setapak）、古毛（Kuala Kubu）、甲洞（Kepong）、八打靈（Petaling），甚至馬六甲的吉雙（Kesang）等地，過程中也把拿律所累積的技術與資金傳入這些地區（圖51）。

根據巴斯夸（Joseph Christopher Pasqual）十九世紀末的紀錄，當時的雪蘭莪是南北礦家勢力雜處之地，也因為如此，本區的礦場運作方式有外來的霹靂傳統（Perak Adat）以及當地的巴生傳統（Klang Adat，泛指今天的雪隆地區），不同

圖 51 陳秀連在雪隆及其他地區的產業分佈圖
（資料來源：白偉權繪）

的運作方式取決於資本的來源。[126] 舉例而言，若泥井制度是如賴特所說，係由陳陳秀連所創造，則筆者在加影師爺宮內的籌建紀錄中，也有見到泥井公司的捐獻紀錄（圖52）。雖然目前無法找到陳秀連投資加影的確切紀錄，但他的生意夥伴陸佑卻是加影師爺宮的創建董事。無論如何，這多少反映了拿律採礦知識體系往雪隆地區的傳播。

陳秀連在雪蘭莪各地除了大量開發之外，也開始將資金進行多角化的投資，例如從事種植業以分散礦業資源枯竭的風險。陳秀連在雪蘭莪也是著名的種植家，他不時也有以種植家的身份贊助獎金於當地歐洲社群的馬會。[127]

---

126 Pasqual, Joseph Christopher. 1895. Chinese Tin Mining in Selangor II: Labur and Labour. *The Selangor Journal: Jotting Past and Present.* 3(4): 43-46.

127 Selangor Turf Club. *The Straits Times*, 26 May 1903, Page 2

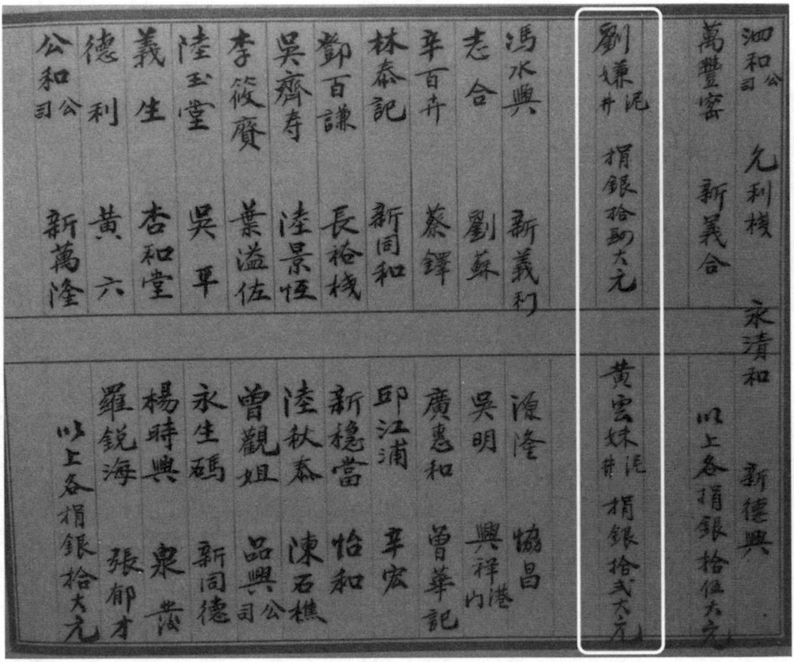

圖 52　加影師爺宮內的捐獻紀錄可見到當地的泥井公司

（資料來源：白偉權攝於二〇一八年八月三十一日）

陳秀連也在吉隆坡市區開設美利機器廠（俗稱「鐵廠」），官方註冊名稱為Chan Sow Lin & Co. Ltd，屬雪隆地區第一家由華人經營的鐵廠。該鐵廠規模相當大，並且有能力聘請歐籍技師。主要生產及代理各種採礦、工程，甚至橡膠加工所使用的機械器具，機具生產在當時而言，已屬是高技術產業了，陳秀連也被後世稱為「吉隆坡華人鐵廠之父」。至今在雪隆一些地方還能夠看到陳秀連鐵廠所生產的機械。由此可見，陳秀連在拿律最初因為學礦、經營礦場到承包霹靂餉碼而發跡，之後因為政治的改變而流動到雪隆地區，為該地區的現代化及產業發展做出貢獻。

伍、陳秀連在區域間流動的地理意義

陳秀連在區域間流動的背後，無形中也牽引出拿律的地理意義。以往，在談及馬來半島早期開發時，許多人大多會強調馬六甲、檳城及新加坡這些區域貿易核心所扮演的推動角色，同時也習慣將馬來半島各地視為是一體、無差別的均質空間，然而細部觀之，一些地區其實在不同的歷史階段扮演了重要的角色，像是本文的拿律，當地開發較早，該地孕育出許多的實業家，累積了資金、社會資本、技術與經驗，他們的流動成為了日後馬來半島其他地區陸續發展的其中一項重要基石。

因此拿律給其他地區帶來的影響並不只是單靠陳秀連一人之力，其他與陳秀連經歷相似的跨域礦家還有陸佑、朱嘉炳、謝昌林、胡子春、宋繼隆、鄭大平等人，他們同樣是由拿律「出品」，並且在他地發揮影響力，最終披上其他地區地理標示的拿律礦家。由此可見，當今矽谷科技產業人才的跨域流動，造就其他地方科技發展的戲碼，其實在百年前的馬來半島早已發生。

圖 53　陳秀連機器廠所生產的橡膠壓制機具

（資料來源：白偉權攝於二〇一八年八月三十一日）

延伸閱讀與參考資料

Wright, Arnold., & Cartwright, H. A. (eds.). 1908. *Twentieth Century Impressions of British Malaya: Its History, People, Commerce, Industries, and Resources.* London: Lloyd's Greater Britain Publishing Company.

Wong, Lin-Ken. 1965. *The Malayan Tin Industry to 1914, with Special Reference to the States of Perak, Selangor, Negri Sembilan, and Pahang.* Tucson: University of Arizona Press.

Selangor Turf Club., *The Straits Times*, 26 May 1903, Page 2.

Pasqual, Joseph Christopher. 1895b. Chinese Tin Mining in Selangor II: Labur and Labour. *The Selangor Journal: Jotting Past and Present.* 3(4): 43-46.

Pasqual, Joseph Christopher. 1895a. Chinese Tin Mining in Selangor I. *The Selangor Journal: Jotting Past and Present.* 2(4): 25-29.

Social and Personal., *The Straits Times*, 10 June 1927, Page 8

雪森彭礦務公會編（2006），《雪森彭礦務公會 120 年暨礦業史》，吉隆坡：雪森彭礦務公會。

第二部

拜別唐山的華人們

十三 前殖民時期的拿律礦主：從嶺南廟塚的同治古墓談起

若要瞭解前殖民時期的拿律礦區社會，可以簡單按照人們的社會角色，分為港門主、繳主、礦主，以及苦力階層。然而，我們一般只將焦點放在具有影響力的港門主身上，甲必丹鄭景貴便是最好的例子。雖然鄭氏同時也兼具礦主身份，但作為海山大哥的他，終究是非一般礦主。拿律的開發，有賴於眾多向港門主承租礦地，實際操辦礦場事務的礦主，但他們卻是較少受到關注的一群。在現今太平嶺南古廟右前方的叢林中，矗立著一座歷經百年孤寂的同治古墓，訴說著拿律戰爭期間，海山陣營一名礦主家族的故事。

圖 54　嶺南廟塚同治古墓

（資料來源：白偉權攝於二〇二三年三月廿八日）

壹、太平的嶺南廟塚

嶺南古廟是拿律戰爭結束後，海山、義興領袖連同太平廣東闔省華人於一八八三年所共創的公廟。在前殖民時期，這裡是吉輦包（Klian Pauh）海山礦區的一部分，嶺南古廟創建之前，這裡已是墳塋處處的塚地，它的年代比今天太平廣東義山還要久遠。現今，這裡還留有近六十座古墓，它們的立碑年代主要落在清同治到光緒初年（一八六三－一八八九年），因此相信這裡所埋葬的是拿律的第一批華人先民。

從籍貫看來，這些墓碑有超過百分之六十是屬增城籍的墓碑，[128] 當地山坡上也能找到重修於一九二三年（民國十二年）的「增龍兩邑總墳」，對應了史料上海山成員絕大部分是來自廣東增城的敘述。這些墓碑主要分佈于嶺南古廟後方，目前都被叢林雜草所掩蓋，乍看之下難以發現（圖55）。

其中，嶺南古廟右前方有座拿督公亭，亭後方的草叢中矗立著一塊頗為別致，墓首及墓石左右都刻有雕花的墓碑。這塊墓碑的位置相當隱蔽，若非有人指路，一般人幾乎難以發現。筆者寫博士論文而第一次造訪時，經當地文史工作者李永球指點，見到該墓碑。它雖然已無後人祭拜，但墓前卻插滿香支，興許是距離拿督公亭太近而分得的香火。第二次造訪嶺南廟128也是在寫博論期間，當時來此進行墓碑抄錄，但因為李亞錦墓離開其他墓群較遠且隱蔽，因此成為漏網之魚。

第三次造訪時，對於拿督公亭後面的墓碑記憶盡失，後來經由廟祝指點，才再度「發現」該墓。在與廟祝攀談後發現當地人對此孤墳所知不多，大家於是開始想要弄清這座墓碑的墓主資訊。在為墓碑上粉後，它的字跡開始一一浮現（圖56）。

128　有五座無法辨識祖籍地以及無標識祖籍地的墓碑不納入計算。

圖 55 嶺南廟塚後藏於叢林中的墓碑群，山坡上為增龍兩邑總墳
（資料來源：白偉權攝於二〇二三年三月廿八日）

圖 56　李亞錦墓

（資料來源：白偉權攝於二〇二三年三月廿八日）

這是一塊同治八年（一八六九年）的墓碑，墓主是李亞錦，墓首刻有祖籍地——「增邑」，即增城縣。這塊墓碑是由他三個孩子長房李觀貴，女兒李〇娘以及三房李觀〇所立。從立碑年代看來，這是落在前殖民地時期的墓碑，一八六九年正是第二次拿律戰爭（一八六五年）之後的四年，由此可知墓主是拿律戰爭的親歷者，也是這裡的第一代先民。除此之外，李亞錦墓最大的看點是立碑子女當中的長房——李觀貴。

貳、檔案中的 Li Kroan Kori 和 Li Kuan Kwei

在討論李觀貴之前，我們先來看同一時期拿律相關歷史檔案裡頭，英文發音與「李觀貴」相同的礦主 Li Kroan Kori 和 Li Kuan Kwei。這兩個名字是同一人，只是在拼寫或排字環節中出現了不一樣的結果，他們都出現在第一次拿律戰爭相關的英殖民檔案之中，尷尬的是，他的身份是一名被告。

事緣在一八六一年第一次拿律戰爭時，義興處於劣勢，許多義興礦主的礦場都被海山成員所搗毀，在此情況下，義興礦主只好以英籍民的身份向英政府求援。檳城副參政司（Assistant Resident Councillor）施瑪特上尉（Captain George Smart）隨即被派往拿律視察，並且接見了許多義興礦主。過程中，施瑪特將這些礦主所遭遇的過程、財產損失巨細靡遺地進行了筆錄。[129]

首先被記錄的是義興礦主伍庚辰（Ung Ah Shin，新寧籍）的申訴案，他表示在一八六一年七月四日，海山礦主 Li Kroan Kori 和另一位礦主 Yong Kan，帶著十名手持槍械、鋤頭的苦力，從他們位在 Gugop 的礦場前來破壞流到自身礦場的水

129　見 CO273/5：493-504。

道，兩方於是發生衝突。[130]

另一位報案人是與 Li Kuan Kwei 有著合夥關係的義興礦主李占魁（Li Ah Foy，新寧籍），兩人已經合作經營礦場六年。該礦場規模有八十名苦力，平常由 Li Kuan Kwei 管理，李占魁提供資金，由於費用高，近兩年才開始有回籌，李占魁想取回自己投資的本錢六千五百六十三元，但遭 Li Kuan Kwei 拒絕。

無奈之下，李占魁只好到馬登（Matang）尋求馬來封地官員穆哈默泰益（Shaikh Mohamed Taib）的協助，他也是馬來封地主卡伊布拉欣（Ngah Ibrahim）的代理人。但穆哈默泰益只是叫他等待，後來李占魁無法再等，只好選擇逃走。由此，他也向施瑪特上尉申訴馬來官員的不公，表示對方也是海山的一份子。[131]

雖然上述記錄全屬義興一方的視角，但卻已經是後人瞭解拿律戰爭細節的珍貴材料了。從中我們可以知道 Li Kuan Kwei 是一名海山礦主，其身份和社會地位實際上與報案的伍庚辰、李占魁對等。

值得注意的是，這兩名義興礦主在後來一八七三年第三次拿律戰爭後，曾兩度連同其他義興礦主向海峽殖民地總督陳情，要求英殖民政府介入拿律的糾紛。此外，兩人也實際參與了一八七四年海峽殖民地總督與拿律義興、海山兩造華人領袖所簽署的《邦咯副約》。[132]雖然 Li Kuan Kwei 並未參與《邦咯副約》的簽訂，但至少能夠藉由伍庚辰和李占魁的事蹟推敲 Li Kuan Kwei 在拿律的社會階級。

那麼在文獻的缺乏之下，除了名字拼音能完全對應之外，我們還能從什麼線索證明檔案中的 Li Kroan Kori 和 Li Kuan Kwei 就是墓主李亞錦的長子李觀貴？

---

130 見 CO273-5：493。

131 見 CO273-5：498。

132 也因為伍庚辰和李占魁曾經在文件上簽名，因此後人能夠將文獻所出現的中文和英文名進行對照，甚至得知他們的籍貫。

參、金石資料中的李觀貴

要解答這個問題，可以從李亞錦墓立碑年代（一八六九年）前後的檔案記錄著手。首先，李亞錦墓的所在位置是落在海山公司的勢力範圍，根據一八六五年的檔案記錄，當時的吉輦包一帶已約有近三十家採礦場，其中二十家屬于增城人、三家屬惠州人，另外三家則是由增城和惠州人合夥經營。[133] 從墓碑祖籍地——增城來看，李氏父子其實是海山內部的主流群體，也對應了文獻中 Li Kuan Kwei 的海山身份。而墓碑中的李觀貴與檔案中的 Li Kuan Kwei 也落在同一個時代。

在礦區中，就經濟階級而言，礦主屬金字塔頂端的群體，因此可以見到在一個絕大部分人都無法留下墓碑的年代（一八六七年），能夠為親人留下精美墓碑者，多少具有一定程度的經濟能力。

無獨有偶，在一八六八年（同治七年），也就是李亞錦過世的前一年，遠在檳城的大伯公街福德祠進行了一次小修。該福德祠是檳城廣東社群的信仰中心，作為投資拿律的這些檳城富裕的廣、客商人，自然也是該廟的主導者。其中，在兩次拿律戰爭中位居優勢的海山派商人，早已經佔據該廟的主流地位，因此可以見到在一八六五年（同治四年）福德祠重修時期開始，海山一系的鄭景貴、胡泰興、劉三和等人便擔任該廟總理、董事人。

在一八六八年的小修當中，參與者的名字被刻在了《福緣善慶》碑當中，從碑文來看，這次小修的參與者不多，只有廿一人，但拿律海山重要人物幾乎都出現在這裡了，像是親海山的商人胡泰興、海山大哥鄭景貴、二哥劉三和、礦主宋繼龍（隆）、[134]陳勝合以及郭勝合、李觀貴的名字也在碑文上。此外，字輩與李觀貴相

133 見 CO273-15：387。

134 宋繼隆也是霹靂務邊（Gopeng）的開發者。

同的李觀帶也在捐款名單之列，兩者是否有兄弟關係，我們不得而知，但墓碑上無法辨識名字的第三大房——李觀　，其文字結構上確實似有個「卅」的筆劃開頭（圖57）。

從籍貫、會黨身份、年代、社會經濟地位，以及中英文姓名讀音等線索的對應關係看來，我們可以合理地推測，李亞錦墓的子嗣李觀貴和文獻中的 Li Kroan Kori 或 Li Kuan Kwei 其實是同一人。

肆、彌足珍貴的前殖民時期史跡

在現今的馬來西亞若要找到華人社會相關的歷史遺跡並不難，但可以找到的絕大部分都是英治時期的史跡，前殖民地時期所能留下的不多。拿律亦然，英治前從華人移入採礦，由和平共處直至衝突，這是屬拿律的大時代。但那個時代的史跡所

圖 57　檳城大伯公街福德祠的《福緣善慶》碑

（資料來源：白偉權攝於二〇一五年一月廿九日）

剩無幾，李亞錦墓可謂彌足珍貴，它也是少數能夠被進行考證的普通墓碑。

這塊位在拿督公亭後方毫不起眼的孤墳，實際上是前殖民時期的海山礦主。從墓主長子李觀貴的互動對象看來，他們也算是海山的重要家族，只是礙於鎂光燈過於聚焦在大哥鄭景貴之上，使得這些較之下一階的礦主較少為人留意。

此外，目前拿律帳面上的重要人物如鄭景貴等人，有許多其實是拿律第一代開發者當中的子輩，像鄭景貴早年便是為了尋找父親鄭興發而來到拿律的。類似的例子也可以從李觀貴身上看到，即使李觀貴是拿律戰爭的第一線參與者，但他很可能也是跟隨父親來到拿律的。

這些礦主是支持整個礦區開發的中堅份子，他們帶來苦力、統籌資金、生產錫礦、繳交租金予礦區的大地主。因此無論是義興或是海山，礦主都是礦區興盛與否的造王者。而這塊深藏于草叢中的李亞錦墓，在結合文獻加以解讀之後，前殖民時期的拿律瞬間重新浮現了起來，而在一八六九年李亞錦過世的三年後，拿律開始了第三次的腥風血雨。

延伸閱讀與參考資料

白偉權（2016），《國家、產業與地方社會的形構：馬來亞拿律地域華人社會的形成與變遷(1848-1911)》。臺北：國立臺灣師範大學地理學系博士論文。

李永球（2003），《移國：太平華裔歷史人物集》，檳城：南洋民間文化。

黃存燊（1965），《華人甲必丹》，新加坡：國家語文局。

CO 273/5: Colonial Office: Straits Settlements Original Correspondence.

CO 273/15: Colonial Office: Straits Settlements Original Correspondence.

十四　隱藏在拿律錫礦產業鏈中的檳城福建商人

馬來（西）亞華人社會有著相當顯著的族群產業分工特色，福建人從商、海南人賣咖啡、潮州人捕魚、廣府人打金等，每個籍貫的華人都各司其職，為這片土地作出貢獻。談及我們的錫礦產業，浮現在人們腦海裡的主要是客家人以及廣府人，其他幫群似乎在此產業中缺席。在殖民時期以前的拿律亦然，撇開採礦活動不談，就說拿律戰爭，在整個事件當中，人們所想到的只會是主導海山和義興的客家與廣府人。事實上，福建人在早期的錫礦事業當中所扮演的角色亦不容忽視。究竟福建人提供了什麼貢獻？為何在錫礦的板塊中被人遺忘？

圖 58 | 太平新港門福德祠中的主神大伯公
（資料來源：白偉權攝於二〇一二年六月七日）

壹、拿律最早的福建社群

以馬來半島的歷史脈絡而言，打從十九世紀中葉的大開發時期開始，馬來亞各幫群的華人就有其地理空間上的分佈規律。像是貿易與商業活動為主的港口市鎮多由福建人所主導，福建人比例較高，擁有較大的勢力，也掌控各種商貿活動。在馬來半島內陸礦區則大多以「逐錫礦而居」的客家人為主。這種大的空間格局自然而言也容易造成在礦區之中的福建人經常被人所忽視。

事實上，若仔細觀察，其實拿律早在殖民前期，就已經有不少福建人參與錫礦事業。福建人最早主要以大伯公會、和勝公司的身份出現在拿律，他們與海山集團關係密切，屬結盟的關係，因此在史料記錄上，福建人其實集中在海山礦區吉輦包（Klian Pauh，今太平市區一帶）。

根據英殖民檔案的記錄，當地在一八六〇年代就有兩家由福建人所經營的店。

另外，在一八六二年第一次拿律戰爭時，大伯公會的苦力也與海山集團並肩作戰，將義興礦主驅離拿律。[135]值得一提的是，福建人在吉輦包礦區早已擁有自己的義山，只是該義山在一八八九年（光緒十五年）便已經葬滿封山[136]現今已另作發展，不復存在。至今，拿律福建人自十九世紀末（清代）留下的史跡主要有鳳山寺、大善佛堂、福德祠，以及後來遷建的福建義山，除此之外，早期拿律所能找到的福建人資訊並不多。總體而言，福建人雖然人數不少，但是在人口比例上還是遠不及客家和廣府人。那麼，福建人在這裡究竟以什麼樣的姿態與拿律的產業和社會鑲嵌？

這個問題的答案可能隱藏在當時錫礦產業本身的運作方式當中。根據 Heidhues[137]及黃麟根[138]對於礦廠經營的研究，錫礦產業其實是一門龐大且分工精細的產業。採礦需要很大筆的資金、勞力，吃的、穿的、吸的（鴉片）等都是該產業的投入（input）因子，這些事務不見得能夠由客籍的礦家一人承擔，它更講求分工。當時許多知名的礦家在還沒有發跡之前，其實並不如想像中這麼富裕，鄭景貴便是其中最典型的例子。根據拿律戰爭時期義興陣營的領袖陳亞炎對瑞天咸的口述得知，鄭景貴過去其實並不是個富裕的人（not then a rich man），[139]這是合乎常理的。拿律海山集團在拿律的發跡，其背後都與福建人息息相關，他們的關係主要是扮演資助者的角色，那麼而這些資助鄭景貴海山集團的福建人到底是誰？

---

135 見CO273-5: 475, 498。

136 見Perak Government Gazette 1889 Vol2，No 30，另見都拜福建義山的〈募建塚亭小引〉碑文。

137 Heidhues, Mary F. Somers. 2003. *Golddiggers, Farmers, and Traders in the "Chinese Districts" of West Kalimantan, Indonesia.* Ithaca: Cornell University.

138 Wong Lin Ken. 1965. *The Malayan Tin Industry to 1914, with Special Reference to the States of Perak, Selangor, Negri Sembilan, and Pahang*. Tucson: University of Arizona Press.

139 Swettenham, A. Frank. *1975. Sir Frank Swettenham's Malayan Journals, 1874-1876*. Kuala Lumpur, New York: Oxford University Press. P. 40.

貳、海山集團背後的福建商人

關於隱藏在海山集團背後的福建人，若仔細爬梳歷史資料的話，會發現這些福建人並不如想像中陌生，因為他們幾乎都是來自檳城的著名大家族。與早期拿律有密切關係的大家族就有邱家、王家、李家、柯家、辜家。[140]

一 邱家

先來看看邱家。邱家的核心機構是邱公司，當今檳城著名的世界文化遺產龍山堂邱公司、文山堂邱公司都屬此家族的產業。邱氏家族早在十九世紀初檳城開埠不久便在檳城發展，經營熱帶栽培業、貿易等事業。提到邱公司，就不得不提到十九世紀的董事邱天德。邱天德是當時檳城的福建社群領袖，也是福建會黨組織大伯公會（也稱建德堂）的大哥。這號人物也出現在馬來西亞華文獨中高中歷史教科書當中。在一八六七年檳城大暴動時，邱天德原本被英國判處死刑，但當局因為擔心招致檳城華社的反彈，此一政令始終沒有執行，足見邱天德在當時的影響力。

根據資料，邱氏家族在拿律有相當多的投資，像是邱天德在一八七一年便曾經向馬來封地主承包十八丁的伐木權，並經營枋廊。此外，在拿律有比較多活動的是邱允恭，他是檳城的貿易商，經營與錫礦為首的土產貿易和船運。[141]他在檳城錫礦貿易的原料主要仰賴拿律的供應，在原料產區拿律，邱允恭承接邱天德的事業，且擁有賣鴉片和酒的專賣權，[142]這些鴉片和酒的主要消費市場相信就是海山礦場的礦工。他與馬來封地主關係密切，也是馬來封地主的債權人之一。[143]

---

140 有關檳城福建家族的研究，可參見 Wong Yee Tuan. 2015. *Penang Chinese Commerce in the 19th Century.* Singapore: ISEAS-Yusof Ishak Institute.

141 *Singapore and Straits Directory for 1890.* Singapore: Singapore and Straits Printing Office. P. 213.

142 The Straits Settlements Records (SSR) G7: Letters to Native Rulers. P. 109.

143 C.1505, C.1505-I, C.1510, C.1512 Further correspondence relating to the affairs of certain native states in the Malay Peninsula, in the neighbourhood of the Straits Settlements, 1876. Pp. 44-46.

圖 59　邱公司董事邱天德

（資料來源：Wright, Arnold., & Cartwright, H. A. (eds.). 1908. *Twentieth Century Impressions of British Malaya: Its History, People, Commerce, Industries, and Resources.* London: Lloyd's Greater Britain Publishing Company.）

圖 60　邱公司重要成員邱朝仲

（資料來源：Wright, Arnold., & Cartwright, H. A. (eds.). 1908. *Twentieth Century Impressions of British Malaya: Its History, People, Commerce, Industries, and Resources.* London: Lloyd's Greater Britain Publishing Company.)

在拿律戰爭之後，有關他們參與拿律錫礦事業的記錄更多，邱允恭在拿律有一家名為中和號的公司，主要經營錫礦收購以及熔錫，是當地重要的錫礦收購商。他透過投資錫礦場、為礦主提供運作資金，從而換取礦場龐大消費市場（苦力）的煙、酒壟斷權，以及對於錫礦低於市場價格的保證收購權。他在收購礦主們生產的錫砂之後，便集散到自己的熔錫廠進行加工，將錫砂熔成錫條，然後運到檳城出口至歐洲。

邱允恭這家公司的另一名股東是邱忠波，邱忠波是檳城著名船運商以及苦力販運商。他與大伯公會的二哥邱天保所合資經營的船務公司萬興號[144]也有船隻——「漳福建號」、「河內號」經營拿律和檳城的航線[145]，運載錫礦、苦力和米等必需品。據拿律戰爭後（一八七四年後）的記錄，邱天德在拿律也有經營錫礦場[146]，他也有開熔錫廠——德昌公司。其總部設在檳城的貿易公司振美號[147]在拿律也有分行，很可能是負責收購及承銷德昌公司以及其他規模較小的公司所生產的錫條，以及售賣各種日用品，特別是鴉片。這些記錄有助於我們瞭解這些頭家在戰前時期的活動。

資助拿律礦場成為繳主的邱氏族人還有邱朝仲、邱登梯和邱如語等。邱朝仲在一八六〇年代時便經常往來拿律收購錫礦，[148] 邱登梯經營的收購商行號不詳，[149] 不

---

144 萬興公司的船隻（汽船）有：漳洲號、漳福建、漳海澄（往來新加坡 - 檳城 - 中國）、Smator、Chow Phya（往來新加坡 - 馬六甲 - 吧生）、Petrel、Chan Tai、吉打號、河內號（往來檳城 - 拿律）、Pearl、Carisbrook、Femtower。這些船隻主要運載普吉與拿律的錫礦、仰光的米、中國的貨物和苦力。見 Wong Yee Tuan. (2011-12). Uncovering the Myths of Two 19th-century Hokkien Business Personalities in the Straits Settlements. *Chinese Southern Diaspora Studies*. 5: 149.

145 漳福建號曾於 1891 年在拿律砵威港發生撞船事件，筆者才得知它有往來拿律與檳城的事實，見 *Daily Advertiser*, 17 March 1891, Page 3。

146 Perak Government Gazette 1900. Pp. 390-391.

147 *Singapore and Straits Directory for 1890*. P. 213.

149 見 CO273-15：326。另，檳城喬治市現今仍有一條巷子（死巷）以他為名：Halaman Khoo Cheow Teong。

149 *Singapore and Straits Directory for 1890*. P. 259.

圖 61　位在檳城的龍山堂邱公司

（資料來源：白偉權攝於二〇一三年八月廿七日）

過他在檳城是一名鴉片餉碼商。[150] 邱如語則與邱四招、Ong Jen Hiong 共同經營豐益（Hong Ek）熔錫廠。[151]

王家

在檳城具有大伯公會背景的王氏族人在拿律也有相當多的資本挹注，他們與邱家一樣是檳城大伯公會的骨幹。在拿律的利益方面，王文德是該家族的其中一名代表，他是檳城船運商——文德公司（Boon Teck & Co.）東主，大伯公會二哥邱天保（錫礦收購商）也是這家公司的合夥人之一。他的船隻在拿律戰爭期間還負責運載軍火和打手，以接濟拿律的海山陣營。[152]

---

150 Trocki, A. Carl. 1990. *Opium and Empire: Chinese Society in Colonial Singapore, 1800-1910*. Ithaca; London: Cornell University Press. P. 192.

151 Perak Government Gazette 1888. Pp. 105-106; *Singapore and Straits Directory for 1890*. P. 258.

152 C.1111 Correspondence relating to the affairs of certain native states in the Malay Peninsula, in the neighbourhood,

拿律戰爭之後，王家在拿律的活動更進一步地記錄在殖民檔案之中，像是另一位族人王明德，他則是檳城貿易和船運萬振豐公司（Ban Chin Hong）的東主，[153] 在拿律，他獨資開有 Tsenng Eng 熔錫廠，除了上述提及他和邱忠波等人開設萬昌公司熔錫廠之外，也和其他王氏族人 Ong Eng Tin、Ong Ek Sian、Chung Kin Ho 合資開設萬發公司（Bang Huat），扮演礦場資助者的角色，從事錫礦收購。[154]

王家和邱家的合作也可見於 Ong Jeng Hiong 和邱清水的廣福成（Kong Hok Seng）錫礦收購公司。另一名是王開邦，他在拿律開有萬和熔錫公司以及萬和棧從事錫礦買賣，[155] 王開邦在拿律華人社會公共事務上相當活躍。

---

153 *Singapore and Straits Directory for 1890*. P. 213.
154 *Singapore and Straits Directory for 1890*. P. 260.
155 Perak Government Gazette 1888. P. 104; *Singapore and Straits Directory for 1890*. P. 258.

圖 62 ｜ 大伯公會（建德堂）總部檳城福德正神廟

（資料來源：白偉權攝於二〇一三年八月廿七日）

另一些由王家開設的錫米收購公司有王潘（Ong Phoan）的合發公司（Hap Huat）、王六（Ong Lak）的中安公司（Tiong An）、王振忠（Ong Chhin Teung）的合德公司，王鏡河、Ong Ek Siau、Ong Ek Tin[156]的同茂號，以及 Ong Ek Tin 獨資經營的 Chong Seng 公司、[157]王鼎押的源珍號。[158]熔錫廠方面則有 Ong Jan、Ong Bun Seng、Ong An Ki、Ban Sin Hin 號合資的萬安熔錫廠、[159]王潤德與王鏡河的河德（Ho Tek）熔錫廠，河德公司也有經營錫礦收購業務。[160]

王潤德是大伯公會成員，也是該會議事王文慶的兒子。[161]王氏族人的萬福公司也在一八八九年至一八九一年與另一名大伯公會領袖李邊坪共同承包得拿律的總餉碼，[162]該公司便由王明德、王新德、王清經等人所經營，王潤德便是該公司的經理。[163]由此可見，王氏族人在海山礦區中，有相當多的資金投入，勢力不容忽視。

李家

從現有記錄上來看，李家比較不是宗族集團式地進入拿律，而主要是與李邊坪家族有關。李邊坪是名貿易商，也是檳城大伯公會的領袖，他曾經是檳城大暴動之後接受英國錄口供的組織領袖之一。[164]根據拿律戰後殖民檔案的記錄，他在拿律資

---

156 Ong Ek Tin 和與王明德合資的 Ong Eng Tin 應為同一人，只是拼音上誤植了。
157 *Singapore and Straits Directory for 1890*. Pp. 259-260.
158 李永球（2003），《移國：太平華裔歷史人物集》，檳城：南洋民間文化。
159 Perak Government Gazette 1888. Pp. 104-105; Singapore and Straits Directory for 1890. P. 258.
160 *Singapore and Straits Directory for 1890*. Pp. 258-259.
161 The Penang Riots Commission Reports. P. 34.
162 拿律的總餉碼包含賭、酒、當三大業務。在霹靂政府公報的記載中，該餉碼只有李邊坪的名字，因此王氏族人的萬福公司可能是與李邊坪合作的次級餉碼包商。見 Perak Government Gazette 1888. P.106.
163 Perak Government Gazette 1890. P. 284.
164 他在檳城大暴動報告書（The Penang Riots Commission Reports）中的名字被記錄為 Lee Phen、Lee Phay、Lee Pehn，曾被約談兩次（evidence No. 41、45）。

助礦場，開設振成號經營錫礦貿易，同時也與王梅英合資經營隆成熔錫廠。[165] 李氏雖然居住在檳城，但是在拿律華人社會事務上相當活躍，為拿律閩幫的重要領袖之一。在太平與甘文丁之間的福德祠的重修碑記中，捐款額位居前三之一的隆成號，就是李邊坪的熔錫廠。

其子李振和在檳城也繼承父業，於一八九八年（光緒廿四年）開設了檳城著名的成記熔錫廠，專從霹靂收購錫礦到檳城熔錫。這家錫廠的現址便是檳城著名利用古跡改建而成的「Birch House」麥當勞，這家熔錫廠也就是後來享譽檳城的東方熔錫公司。在十九世紀末太平的和善堂建立碑記當中，也可以見到李振和及長兄李振興的捐獻記錄。

柯家

柯家以柯祖仕為代表，雖然沒有證據顯示他就是大伯公會的成員，但是檳城柯家與大伯公會的關係密切，經常共同捐助社會事務，柯祖仕本人的名字也經常與海山領袖的名字共同出現在一些機構當中（例如極樂寺）。柯氏同時經營熔錫和錫礦收購，他的熔錫廠協裕號在拿律頗具規模，其錫礦貿易的商號則為財協興（Chai Hiap Hin）。[166] 柯祖仕的財富也可以從他所購買的官銜得知，他的墓碑銘刻他「榮祿大夫」的官銜，屬從一品官銜，在本地相當少見（吉隆坡甲必丹葉亞來也只有五品的中憲大夫）。柯氏家族後來定居拿律，他的三名兒子也都是當地的社群領袖。

辜家

除了大伯公會之外，檳城其他與大伯公會關係良好的福建集團也隨著大伯公會的腳步，將資金投入到拿律，其中最顯著的例子是檳城土生華人富商辜上達，他是

165　Perak Government Gazette 1888. P. 104; *Singapore and Straits Directory for 1890*. P. 257.

166　Perak Government Gazette 1888. P. 104; *Singapore and Straits Directory for 1890*. P. 259.

檳城甲必丹辜禮歡的曾孫，[167]也是檳城的最大的鴉片商之一，[168]因此可以推知他應該也有向自己在拿律所投資的礦場供應鴉片。辜上達也與永定客籍頭家胡泰興一起經營船運生意，胡泰興也是拿律礦主，他曾在第三次拿律戰爭中代表海山陣營向英殖民政府遞交請願書。另一個可能在拿律有活動的組織是檳城的存心公司，雖然史料上沒有記載該公司在拿律的活動，但是它的領袖葉合吉在拿律戰爭之後在太平市街擁有眾多的產業，[169]葉氏與大伯公會成員的交情甚篤，因此推測他們可能也是投資拿律的主力之一。[170]

---

167 其父辜登春也是檳城著名的大頭家。

168 Trocki, A. Carl. 2009. Koh Seang Tat and the Asian Opium Farming Business. In Yeoh Seng Guan, Loh Wei Leng, Khoo Slama Nasution and Neil Khor (eds.), *Penang and its Regions: The Story of an Asian Entrepôt*. Singapore: NUS Press. Pp. 213-223.

169 Perak Government Gazette 1891. P. 998

170 葉公司在 1925 年重建時，檳城的清鑾社杜氏、三省堂曾氏、紫燕堂黃氏、龍山堂邱氏、四美堂莊氏、文山堂邱氏、福候堂謝氏都有贈送直匾，因此交情甚篤。這些姓氏大多都有投資拿律，成為拿律的大頭家，如拿律的杜啟明、黃務美、邱天德、邱允恭、謝文賢等人（2015 年 7 月 30 日田野調查）。

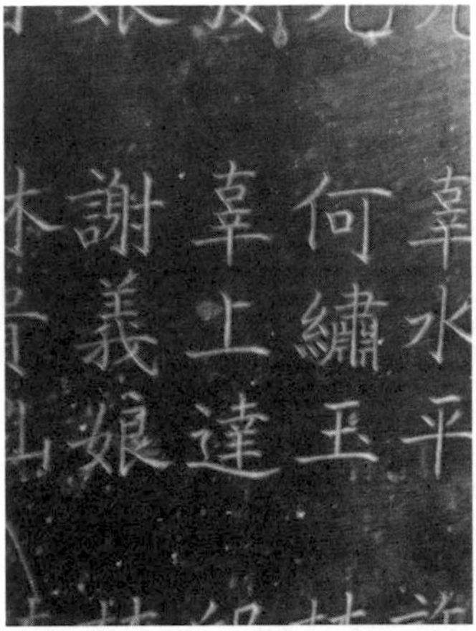

圖 63　辜上達在太平大善堂的捐款記錄

（資料來源：白偉權攝）

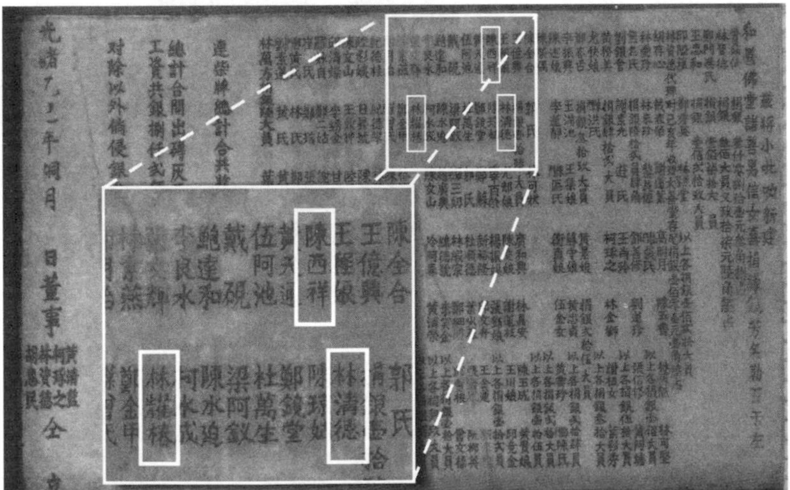

圖 64　太平和善堂建立碑記中的檳城巨商

（資料來源：白偉權整理）

在拿律的田野資料中，還能夠找到其他著名的檳城福建家族，例如杜啟明（檳城杜有令之子）、謝文賢父子、林耀椿（林寧綽之子）、陳西祥（林寧綽之妻）、林清德（潘（林）興隆之子）等人，他們都是檳城和拿律主要的米商、雜貨商家族，這些產業都是錫礦生產鏈的一環，而他們也與前述幾個重要的檳城福建家族往來密切。

總體而言，這些福建家族幾乎包辦了拿律錫礦產業生產以外的所有項目，包括收購、熔錫業（錫產加工）、生活必需品提供、鴉片、酒等等，成為錫礦產業收入巨大的大盤商。

參、福建人與海山五邑人的生命共同體

從上面的敘述中，我們看見了福建人如何藉由錫礦生產上的各種分工，進而鑲嵌在拿律這個礦區社會當中。他們在產業上相互結合，當出現資源爭奪時，福建人

和海山五邑人患難與共的「生命共同體」便會隨之出現。在拿律戰爭期間，為了捍衛錫礦資源，拿律海山大哥鄭景貴和他的夥伴積極尋找各種支援，籌集戰爭經費，以支持雇請打手、船隻、購買槍械、大炮、子彈、火藥、糧食等的龐大開銷。其中一名在拿律有著巨大利益又蒙受損失的頭家便是邱允恭，他為鄭景貴籌了六萬元，這筆數字對當時而言已是天文數字，足見客社（海山）——和福建大伯公會之間為了奪回拿律的共同利益而呈現出的緊密關係。換個角度來看，這種生命共同體的展現或許也是出於無奈，畢竟若不投入資源的話，他們將蒙受更多的損失，先前所投入的資金恐怕也血本無歸。

福建和海山集團的緊密關係也隱藏於海山大哥鄭景貴在檳城的新居「慎之家塾」一八九九年（光緒廿五年）落成時的一塊「祥開廣廈」匾額之中。該匾額耐人尋味的地方在於，在眾多由廣東、客家人所致贈的匾額當中，它算是唯一一塊由眾多福建頭家所贈送的。在上面的十三位頭家及商號名表當中，前述所提及的李邊坪

愚弟

新榮X
集商所公司
錦昌
X萬全
林元X

許高源
開恆美
瑞福
邱振美
仝拜

萬裕興
成記錫廠
瑞蓮
林克全
莊清建

圖 65　由檳城福建富商贈予鄭景貴的賀匾

（資料來源：白偉權整理）

家族（成記錫廠〔經營熔錫廠〕）、林寧綽家族（開恒美〔經營米較〕）、邱天德（邱振美〔經營貿易〕）等人的商號或名字都出現在上面。此外還有著名的張弼士（萬裕興〔船運〕）、[171]許泗章（許高源，船運商），這些頭家所經營的事業都與錫礦生產息息相關，不難想像這些福建人與鄭景貴之間的互補性。巧合的是，在同一年，鄭景貴也在拿律捐助了福建人的福德祠，成為該廟重修捐款中唯一的非福建人，也是出資最多的捐款者。

171　張氏為大埔籍，早期在爪哇經商，後也將事業範圍擴及檳城，是檳城客籍社群的重要領袖，更曾在一八九三年至一八九四年間擔任清廷駐檳城領事。一八九五年鄭景貴七十五歲大壽時，張氏也帶領一眾客籍領袖向其贈送一片祝壽屏風。今天的檳城藍屋便是他的故居，他也曾發起建設中國潮汕鐵路，以及創建中國第一家葡萄酒廠—張裕釀酒公司，被譽為中國葡萄酒之父。

肆、跨國流動的福建商人

雖然馬來亞早期存在著各方言群或幫群各有其專屬的行業領域，而不同地區也有著特定方言群佔優勢的現象，但是從微觀的尺度來看，卻有著不一樣的風景。錫礦業向來被認為是客家人的專利，那是因為我們只從單純的採礦活動來理解所致。事實上，錫礦產業應被理解為是一個從生產到銷售，外加許多垂直與水平分工的產業鏈。正因為這個產業鏈，使得原先在檳城就已經發跡的福建人也因為和海山陣營的上下游合作關係而來到拿律，而這些福建富商都是當時社會上赫赫有名的人物。

令人玩味的是，當時的檳城與霹靂仍歸屬不同的國家，因此他們在拿律嚴格上說來，其實是屬一種跨國商業行為，在拿律所看到的史料當中，處處可見到檳城福建商人的足跡。透過錫礦產業的聯結，從中也可以見到檳城的決策如何作用在拿律的土地之上，而拿律豐富的錫礦如何造就檳城的財富。由此也不難理解今天太平與檳城兩地華人各種文化、生活習慣的相似性。寫到這裡，腦海中不禁浮現大學時期區域地理這門課講述全球經濟產業聯繫與變遷的教科書《Global Shift: Mapping the Changing Contours of the World Economy》，這種從生產關係到社會關係的過程，早在大家認為落後的百年前便已經出現。

然而，隨著十九世紀末拿律錫礦資源的枯竭，客家和廣府社群也移往近打另謀出路，福建人在拿律錫礦產業的角色也逐漸退場，而在新時代中，原先錫礦產業鏈裡頭的族群分工版圖也出現變化，使得福建人的錫礦角色進一步被人淡忘。今天的太平雖然也以福建人為主，但他們算是第二批的移民，這又是另一則故事了。

C.1111 Correspondence relating to the affairs of certain native states in the Malay Peninsula, in the neighbourhood, 1874.

C.1505, C.1505-I, C.1510, C.1512 Further correspondence relating to the affairs of certain native states in the Malay Peninsula, in the neighbourhood of the Straits Settlements, 1876.

CO273-15 Straits Settlements, Original Correspondence.

CO273-5 Straits Settlements, Original Correspondence.

Daily Advertiser, 17 March 1891, Page 3。

Heidhues, Mary F. Somers. (2003). *Golddiggers, Farmers, and Traders in the "Chinese Districts" of West Kalimantan, Indonesia.* Ithaca: Cornell University.

Perak Government Gazette (Taiping: 1888、1889、1891、1900)

Singapore and Straits Directory for 1890. Singapore: Singapore and Straits Printing Office.

Swettenham, A. Frank. (1975). *Sir Frank Swettenham's Malayan Journals, 1874-1876.* Kuala Lumpur, New York: Oxford University Press. p. 40.

The Penang Riots Commission Reports

The Straits Settlements Records (SSR) G7: Letters to Native Rulers

The Straits Times, 20 March 1875, Page 3。

Trocki, A. Carl. 1990. *Opium and Empire: Chinese Society in Colonial Singapore, 1800-1910.* Ithaca; London:

Cornell University Press.

Trocki, A. Carl. 2009. Koh Seang Tat and the Asian Opium Farming Business. In Yeoh Seng Guan, Loh Wei Leng, Khoo Slama Nasution and Neil Khor (eds.), *Penang and its Regions: The Story of an Asian Entrepôt*. Singapore: NUS Press. Pp. 213-223.

Wong Lin Ken. 1965. *The Malayan Tin Industry to 1914 , with Special Reference to the States of Perak, Selangor, Negri Sembilan, and Pahang*. Tucson: University of Arizona Press.

Wong Yee Tuan. 2011-12. Uncovering the Myths of Two 19th-century Hokkien Business Personalities in the Straits Settlements. *Chinese Southern Diaspora Studies*. 5: 146-156.

Wong Yee Tuan. 2015. *Penang Chinese Commerce in the 19th Century*. SingaporeISEAS-Yusof Ishak Institute.

李永球（2003），《移國：太平華裔歷史人物集》，檳城：南洋民間文化。

十五　鳳山寺碑記：石頭上的社會關係圖

一八八五年（光緒十一年）對拿律福建社群來說，是意義非凡的一年。這年中秋，位在高搭（Kota）的鳳山寺落成，寫有「鳳山寺」三個大字的廟匾正式被高掛於正門之上，題字氣宇非凡。

鳳山寺不僅僅是當時太平福建人的信仰中心，更是整個福建社群的「公所」，[172] 地位十分重要。這一次的建廟，動員了許多人，在鳳山寺建竣後，主事者們也留下了一塊珍貴的《鳳山寺碑記》，這塊碑文應算是拿律地區關於福建社群最早的金石資料之一，當中的芳名足以為我們填補一些關鍵的歷史空隙。

筆者在前一章《隱藏在拿律錫礦產業鏈中的檳城福建商人》曾經討論了福建人在客家錫礦產業鏈當中所扮演的角色，福建人在殖民時期之前便以大伯公會（建德堂）的身份進入拿律。然而在空間上，福建人在吉輦包和新吉輦礦區的人口並不多，而是在礦區外聚集，當地也形成具有商業機能市鎮，即鳳山寺所在的「高搭」。

高搭的地名正是由馬來文「Kota」一詞音譯而來，為「城市」之意。內陸礦區所產的

172 見1891年（光緒十七年）大善堂建立時的獻地碑記。

圖 66　太平鳳山寺廟匾
（資料來源：白偉權攝於二〇二〇年二月八日）

錫礦往往會運到這裡集散、交易，再往沿海的港口馬登（Matang）通關納稅，並輸出檳城。這種空間格局的形成與福建人善於經商的族群特性相輔相成。

我們不難理解，在馬來封地主時期，除了錫礦收購之外，各種服務業、商店也都集中於此，高搭可說是拿律的經濟核心，在內陸兩大礦區之間獨領風騷。

然而，在拿律戰爭結束之後，其空間格局發生了翻天覆地的變化，這一改變或多或少也催生了一八八五年高搭鳳山寺的建立。那麼，一八八五年的太平究竟發生什麼事？

壹、建廟：社會關係板塊重組下的反應

一八七四年《邦咯條約》簽訂後，拿律隨即進入英治時代。在一八七〇年代中

至一八八〇年代中葉的這十年間，拿律無論是在社會或經濟上，都發生了巨大的變化。先是一八七四年，殖民政府在吉輦包礦區建立新的核心市鎮——太平，並作為霹靂的首府，其地位迅速取代原有的高搭。

與此同時，拿律的華人族群關係板塊也開始出現大洗牌，以往水火不容的海山和義興，其對立關係逐漸淡化，兩者甚至因為文化背景的相似性（同屬嶺南文化）而開始漸漸相互靠攏。

從田野資料上可以見到過去海山和義興兩派的大佬，先是在一八七八年（光緒四年）在甘文丁攜手共建粵東古廟，到了一八八三年（光緒九年），他們又在太平共建嶺南古廟，無論是「粵東」或是「嶺南」，兩者在字面上都呈現了以廣東闔省為單位的集體意識，由此可以見到拿律廣府和客家系的華人開始大集合，形成一體性的廣東社群。

反觀以往與海山並肩作戰的盟友——福建人，則從海山—大伯公會利益集團中獨立出來。雖說福建人應該早有自己的組織，[173]但可以見到廣東社群在一八八三年建立嶺南古廟之後，福建人也隨即集結，籌備建立自己的公所——鳳山寺（圖67），寺廟於兩年後（一八八五年）落成。值得注意的是，福建人也給鳳山寺取了另一個名字，曰「閩中古廟」，趕上了廣東社群的「古廟」熱潮。

由此看來，拿律剛進入英治時期的十年間，社會變化相當大，鳳山寺的建立並非無跡可尋，甚至可說是福建社群對於當時族群關係重組下所做出的回應。

173 至少在1883年（光緒九年）甘文丁粵東古廟創建時，便已經出現「福建會館」所贈送的匾額。

圖 67　高搭鳳山寺

（資料來源：白偉權攝於二〇一五年一月廿七日）

貳、解讀福建社群關係網絡的鑰匙

為了紀念這次集結，主事者也將捐款者的姓名及商號銘刻在石碑上，向地方人士昭示功績，讓他們可以永垂不朽，這即是我們要討論的《鳳山寺碑記》（圖68）。除了民間的實際意義外，這塊碑記也相當具有學術價值，可協助解開一些研究上的未解之謎，是我們解讀早期社會關係網絡和其他碑文的鑰匙。

這塊碑文中較為令人振奮的發現是碑文上「邱天德」的名字。從前面幾章可以知道，福建人以大伯公會的組織與海山結盟，而大伯公會在拿律活動的幕後操盤者正是邱天德。

邱氏是拿律的投資大戶，也是鄭景貴集團的資助者。然而，我們卻無法在拿律找到有關他的任何田野記錄，令人苦惱。只有在此碑記中能見到邱天德以自己的名

圖 68　鳳山寺碑記

（資料來源：白偉權攝於二〇一九年十二月十三日）

義捐資一百大元，位居第二多，符合他在拿律的勢力。他的商號振美號也有捐款，只是捐金數不多。另一位謎一般的人物是邱允恭，他同樣是檳城新江邱氏家族的成員，也是邱天德在拿律的代理人。在史料記錄上，他比邱天德更加活躍，不僅是鴉片包稅人，也是馬來統治者的債權人，還是當地主要的錫礦收購商、熔錫商。紀錄上，他的店號是 Tiong Ho。

目前只有在陳鐵凡、傅吾康合編的碑銘集裡找到鳳山寺一八八五年（光緒十一年）《敬惜字紙碑》中位居緣首的中和號。中和是否是 Tiong Ho？因為拼音相同，因此可能性很大，但仍不敢百分百確認。

如今《鳳山寺碑記》中同樣處於緣首的「邱中和」，從經營者的姓氏——邱姓以及他對於福建公所建立的積極程度看來，邱中和即來自邱允恭及其商號 Tiong Ho。（圖 69）

記上也見到一名史料上不常出現的檳城大頭家謝增煜（Cheah Chen Eok，一八五二—一九二二）。目前矗立于喬治市舊關仔角康華麗斯堡外的維多利亞女王紀念鐘樓（圖70），即是由謝氏所捐建。

然而，與邱天德、鄭景貴等人相比，他還是小輩。拿律戰爭時，他才不過十幾二十歲。那麼他究竟與拿律有何關聯呢？

原來早在一八七二年第三次拿律戰爭以前，他即受到大伯公會領袖王文德[174]的照顧，於文德公司（Boon Tek & Co）任職，[175]王文德也是深刻介入拿律戰爭的檳

---

174 Wong Yee Tuan. 2015. *Penang Chinese Commerce in the 19th Century: The Rise and fall of the Big Five*. Singapore: ISEAS-Yusof Ishak Institute. P. 68.

175 Wright, Arnold., & Cartwright, H. A. (eds.). 1908. *Twentieth Century Impressions of British Malaya: Its History, People, Commerce, Industries, and Resources*. London: Lloyd's Greater Britain Publishing Company. P. 757.

圖 69　出現在碑文第一排的重要人物

（資料來源：白偉權攝於二〇一九年十二月十三日）

圖 70　謝增煜所建的維多利亞女王紀念鐘樓

（資料來源：白偉權攝於二〇二三年八月五日）

城福建領袖之一。拿律戰爭時，王文德便負責由檳城運送軍火至海山礦區以對抗義興。[176]在一八七二年，謝增煜也迎娶海山領袖胡泰興的女兒，成為胡家女婿。[177]碑記上另一名鮮少出現在拿律紙本資料上的人物還有許心美（Khaw Sim Bee，一八五七—一九一三）。他在年齡上又較謝增煜來得輕，但在檳城和暹南地區，他也是一個響噹噹的人物。

許心美是許泗章（Khaw Soo Cheang）的幼子，許氏家族經營船運、土產貿易，與暹羅關係頗深，許泗章更被冊封為粦廊郡主（Governor of Ranong），他在暹羅也經營錫礦產業。

---

176 C.1111 Correspondence relating to the affairs of certain native states in the Malay Peninsula, in the neighbourhood, 1874. P. 15.

177 Wright, Arnold., & Cartwright, H. A. (eds.). *Twentieth Century Impressions of British Malaya: Its History, People, Commerce, Industries, and Resources*. P. 761.

許氏家族與其他大伯公會集團成員（包含邱天德、李邊坪等）唯一的歷史遺跡出現在一八九九年（光緒廿五年）鄭景貴檳城慎之家塾的「祥開廣廈」匾額中，匾額上的「許高源」，便是其家族商號——高源號。

在捐資鳳山寺的三年後，許心美受委為董裡（Trang）總督。一九〇〇年代，許氏家族在雪蘭莪也與上述提及的謝增煜家族合資承包餉碼。[178] 至於許氏家族是否實際到過或投資拿律，尚有待更多歷史資料的發掘，但這塊石碑已經為複雜的社會關係提供了重要的線索。

參、碑文中的客籍頭家

在這塊碑文中也可看到少數的客籍領袖，可以確認的有戴喜雲和胡子春，他們都是親海山陣營的頭家，究竟他們與福建人有何關係？

大埔籍的戴喜雲也是海山領袖，與海山大哥鄭景貴的關係密切，基本上兩人看似存在著共生關係，在拿律和檳城，只要能找到鄭景貴名字的地方，便會出現戴喜雲的名字。

戴喜雲是一名中藥商，其商號名為杏春堂。在記錄上，他也曾經與福建人共同承包餉碼，像是他們合組的萬寶美公司，便在一九〇〇年代承包了霹靂總餉碼（Perak General Farm）。[179]他也是後來清廷駐檳榔嶼副領事。

永定籍的胡子春（Foo Choo Choon，一八六〇—一九二一）在拿律戰爭時期還是幼年，他年少時便進入拿律工作，受雇于海山領袖鄭景貴二哥鄭景勝的礦場，後

178 Butcher, J., & Dick, H. (eds.). 1993. *The Rise and Fall of Revenue Farming: Business Elites and the Emergence of the Modern State in Southeast Asia*. New York: St Martin’s Press. P. 270.

179 *The Directory & Chronicle for China, Japan, Corea, Indo China, Straits Settlements, Malay States, Siam, Netherlands India, Borneo, The Philippines, &c. for the year1908*. Hongkong: The Hongkong Daily Press Office. P. 1295.

來還娶了鄭景勝的女兒。以他的才氣加上人際關係上的加持，使他成為日後的馬來亞錫王。

雖然他是客家人，但因為海山與福建人屬同一陣線，加上永定在行政上屬福建省，因此使他得以在社會上游走於閩客之間，甚至在福建組織中擔任要職。另一方面胡子春和上述所提及的許心美自小便已經認識，在社會上他們也有商業合作關係。[180]

上述兩位客籍頭家無論是在錫礦的投資或是餉碼承包，長期都與福建人有著合作關係，因此不難理解他們對於閩幫建廟事務的參與。此外，由於義興背景頭家在碑文中的缺席（當地其他福建碑銘也未見義興頭家），更加凸顯先前海山與大伯公會的緊密關係。但玩味的是，時任甲必丹的鄭景貴並沒有參與此次的福建人動員。[181]

肆、其他應該出現的頭家

在碑記中，其他該出現的福建頭家都有出現了。像是從事錫礦收購及熔錫生意的柯祖仕和李邊坪，兩人都是活躍於檳城和拿律兩地的閩幫領袖。

柯祖仕是協裕號熔錫廠東主，在許多拿律福建機構當中，也都是位居董事領導層之列。李邊坪是檳城—拿律大伯公會領袖，在拿律設有隆成熔錫廠，他也是本次建廟動員活動的大總理。

換句話說，碑銘上的人名，可能有大半是由他動員而來。除了李邊坪本身之外，

---

180 Butcher, J., & Dick, H. (eds.). *The Rise and fall of Revenue Farming: Business Elites and the Emergence of the Modern State in Southeast Asia.* Pp. 269-270.

181 不過在 1899 年福德祠重修時，鄭景貴有捐資。他的長子鄭大養在 1896 年和 1913 年也有參與福建大善堂的重修與重建。

他的長子李振興的商號——振興號也在捐資之列，他雖同樣捐了六十元，但名字排在父親之後。振興號也是立廟董事之一。

其餘還有萬昌號，這是邱忠波、王明德、邱清新（譯名）的熔錫廠，[182] 萬昌也捐了粵東古廟。王鼎超，字輩上看應是閩幫領袖王鼎押的族親。萬和號，是王開邦的熔錫廠。[183] 同茂號，是王鏡河及其族人合資的熔錫廠。邱氏與王氏家族是檳城大伯公會的骨幹，在拿律已經營許久。還有雜貨商芳美號、萬源號熔錫廠東家黃則諒。此外，在這塊石碑中捐銀數位居第三，同時也是建廟董事的郭錦忠，看似拿律重要的人物，目前學界對於郭氏所知不多，有關郭氏的事蹟還是一個謎，有待日後發現。

伍、理解複雜社會網絡的基石

碑記是理解複雜社會網絡的基石，上述雖然出現許多看似枯燥的人名和社會關係，但是熟悉這些人名之後，在北馬許多地方只需稍加留意，都可以見到他們在不同地區重複出現，整個區域都掌握在這個網絡集團的手中。

有趣的是，在鳳山寺建廟的同一年，一群檳城富商在檳城合股組織了本土第一家巨額資本的保險公司——乾元（Khean Guan）保安公司，其十六名董事當中，至少就有五人的名字或商號出現在此碑記中，例如：邱天德、王文德、許心美、謝增煜、王明德。[184]

《鳳山寺碑記》對於筆者而言是一塊遲來的碑文，筆者撰寫博士論文時，可能

182 Perak Government Gazette 1888. P. 104.
183 Perak Government Gazette 1888. P. 104.
184 Wong Yee Tuan. *Penang Chinese Commerce in the 19th Century: The Rise and fall of the Big Five*. P. 125.

因緣未到，因此並沒有尋得此碑。在陳鐵凡和傅吾康合編的碑銘集[185]當中也未有將之收錄，直到近期再訪太平時，才在廟旁尋得。

走近一看，碑文當中出現一些找了很久終於出現名字（邱中和、邱天德），也有首次在太平見到的熟悉人物（許心美、謝增煜）。而重新細讀碑文的各種細節，也重新認識了鳳山寺在拿律社會經濟板塊巨變下的建立背景。

然而，每塊碑記所能提供的線索與解釋力還是有限的，但它已經足以成為拼湊歷史原貌的其中一塊拼圖了。

---

185 傅吾康、陳鐵凡（1987），《馬來西亞華文銘刻萃編》［三］，吉隆坡：馬來亞大學。頁 1028-1040。

延伸閱讀與參考資料

Butcher, J., & Dick, H. (eds.). 1993. *The Rise and fall of Revenue Farming: Business Elites and the Emergence of the Modern State in Southeast Asia.* New York: St Martin' s Press.

C.1111 Correspondence relating to the affairs of certain native states in the Malay Peninsula, in the neighbourhood, 1874.

Perak Government Gazette 1888

Phuwadol Songprasert. 1986. *The Development of Chinese Capital in Southern Siam, 1868-1932.* PhD Dissertation, Monash University.

The Directory & Chronicle for China, Japan, Corea, Indo China, Straits Settlements, Malay States, Siam, Netherlands India, Borneo, The Philippines, &c. for the year1908. Hongkong: The Hongkong Daily Press Office.

Wong Yee Tuan. 2015. *Penang Chinese Commerce in the 19th Century: The Rise and fall of the Big Five.* Singapore: ISEAS-Yusof Ishak Institute.

Wright, Arnold., & Cartwright, H. A. (eds.). (1908). *Twentieth Century Impressions of British Malaya: Its History, People, Commerce, Industries, and Resources.* London: Lloyd's Greater Britain Publishing Company.

白偉權（2016），《國家、產業與地方社會的形構：馬來亞拿律地域華人社會的形成與變遷(1848-1911)》，臺北：國立臺灣師範大學地理學系博士論文。

李永球（2003），《移國：太平華裔歷史人物集》，檳城：南洋民間文化。

傅吾康、陳鐵凡（1987），《馬來西亞華文銘刻萃編》[二]，吉隆坡：馬來亞大學。

十六　檳城大伯公街福德祠裡的拿律大佬

走在喬治市老城區的大伯公街，在錯落有致的南洋街屋群中，映入眼簾的是三棟典雅且古色古香的中國華南傳統建築——香山會館、福德祠，以及三聯棟的武帝廟——甯陽會館——伍氏家廟。該處英文街名為 King Street，這裡的 King 所指的是英皇喬治三世（King George III）。

這條街早在一七九〇年時便已經出現，是喬治市開埠進行市區規劃時，最早的街道，從命名空間政治的角度來看，足見其重要性。華人則稱這條街為大伯公街，它正是以這三棟華南古建築當中，正中間的福德祠為名。福德祠是檳城廣東社群重

圖 71　大伯公街福德祠

（資料來源：白偉權攝於二〇一五年一月廿九日）

要的信仰中心，廟裡兩塊清朝同治時期的碑文揭示了檳城與拿律之間的關係，而百里之外拿律所發生的戰事，或許也悄悄影響了該廟的發展時序。

壹、大伯公廟的歷史厚度

二〇二一年十一月一日中午，聯合國教科文組織曼辦事處宣佈，福德祠獲得該組織亞太區二〇二一年度「亞太區文化遺產保護獎」優秀獎，它對於我國文化遺產界以及地方社會而言，可謂一大殊榮。事後廟方也召開記者會，對於主持此次修復工作以及爭取獎項的已故陳耀威建築師予以肯定。

陳耀威的團隊於二〇一七年開始動工，修復工作歷時兩年，最終於二〇一九年完工。可惜的是，在聯合國教科文組織宣佈福德祠獲獎前夕，陳耀威因癌症病逝。福德祠能夠獲得聯合國評委會的青睞，除了其古跡修復成果的硬體條件之外，廟宇

圖 72　陳耀威（講解者）與修復中的福德祠

（資料來源：白偉權攝於二〇一九年七月十日）

本身的歷史文化厚度當然也是不可或缺的要素。

喬治市老城區的這座福德祠也稱為大伯公廟，最初是由丹絨道光（Tanjong Tokong）的海珠嶼大伯公廟分香而來，從匾額的時間點來看，它早在一八一〇年前後便已經建立，當時候正好是檳城開埠的第一個廿年之間的事情。

福德祠主祀福德正神和關聖帝君，主要為檳城客社五屬（嘉應、增城、惠州、大埔、永定）和廣府人士所經營，當中也納入了潮州及瓊州（海南）人，因此算是檳城廣東社群所共有的最高機構了。從廟裡的文物來看，早期的廣東社群更傾向於稱其神明和廟宇為大伯公及大伯公廟／宮。

大伯公廟建立初期所留下的文物不多，只有一塊獻給關聖帝君的「同寅協恭」匾額，當中有以總理胡武撰為首，連同其他五位華人的名字。胡武撰自然就是當時的廣東幫領導人，他們都是檳榔嶼的第一代先民，根據鄭永美的研究，胡武撰便是檳城打金業者百年古廟——「胡靖古廟」的祖師爺胡靖。

除此之外，大伯公廟也分別在同治四年（一八六五年）和宣統元年（一九〇九年）這兩個期間進行大規模的翻修，歷次重修也留下了珍貴的碑文、匾額以及刻字的石柱等器物，它們上面所銘刻的捐獻者名字，揭示了該時期的社會動員情形。如果不解讀這些人名和商號，它將只是一堆文字所組成的石頭，我們就無法瞭解該廟在當時檳城的地位。其中，立于同治四年（一八六五年）的《重修海珠嶼大伯公宮碑記》以及同治七年（一八六八年）的《福緣善慶》碑所含有的資訊量最大。

貳、《重修海珠嶼大伯公宮碑記》

在《重修海珠嶼大伯公宮碑記》碑文裡的籌款共動員了三百四十四人，籌募了約二千七百元，[186] 算是一次大規模的籌款，捐款者不乏一些當時檳城叱吒風雲的人

圖 73　廟內的「海珠嶼大伯公」立牌
（資料來源：白偉權攝於二〇一五年一月廿九日）

物。在檳城這座自由港市里，他們的發跡很大程度上都是與這座自由港的貿易以及周邊地區的原產品生產有關。若談及檳城客家及廣府社群在上述兩項經濟活動上的對象，錫礦會是其中的大宗。

在十九世紀中、後期，檳城金字塔頂端的廣東社群領袖，可以說有超過五成的人曾以不同形式介入過拿律的錫礦生產，其中有許多更是拿律戰爭中的要角。在一八六五年的重修碑記裡頭，也能見到不少拿律大佬。

大伯公廟募款的一八六五年對於拿律而言是一個特別的一年，當時的拿律又爆發了第二次的拿律戰爭。其實早在一八六一年開始，拿律的兩大採礦集團——義興和海山兩造早已經因為水源的爭奪而發生了第一次的大規模衝突，造成大量傷亡，

186　有部分文字因為碑文表面損毀而無法辨識。

因此自那時候起，拿律義興和海山兩派已經深深種下了矛盾。

在一八六五年的第二次拿律戰爭中，至少造成七百名惠州籍義興陣營的成員被殺，二千人取道拿律的內陸森林北上威省渡船逃至檳城。因此我們很難想像，遠在拿律發生重大矛盾時，這些在檳城或是往來檳城和拿律的礦主、戰爭的主導者，能夠因為神明，重建大伯公廟的關係，而有了一次的合作動員，這種衝突中的和諧氛圍實在耐人尋味，叫人難以想像。

但是翻查時間線，一八六五年的戰爭發生在六月，自此開始一直到年底，則可以在檔案記錄上看到受害的義興領袖與殖民政府之間來來回回的法律申訴。而重修大伯公廟的動員則發生在當年的「冬月」（即年底），碑文中可見到該廟總理胡泰興為了修建廟宇而「集眾腋以成裘」，發動集資，「藉和衷（按：和睦同心）以輯美」，究竟這時的動員是否與拿律戰爭的和事有關，以神之名，藉由共同合作修建，行緩解社會緊張氛圍之實？需要更多的史料證明，但是時間和人物的吻合，不免讓人多做聯想。接下來，我們來看看碑文中的重要人物。

首先是大伯公廟的總理胡泰興（永定客籍），他在這次捐款當中也是捐資最多的，為二百五十元。胡泰興是貿易商，與檳城的鴉片大王辜上達為生意夥伴，經營泰興達的船運公司。胡泰興在拿律也是一名礦場投資者及錫礦收購商，因此對於拿律也有很深的介入。他在後來一八六七年的檳城大暴動（Penang Riots）當中受政府委任為調查委員會的一員，但他較站在大伯公會（海山的盟友）的一方。在一八七二年第三次拿律戰爭當中，他也是海山礦主們與英國交涉的代表。

再來是拿律海山大哥鄭景貴以及其兄長鄭景勝（增城籍）。鄭景貴是海山大哥，拿律戰爭的主導者，他也因為拿律的錫礦以及餉碼承包而成為檳城其中一位最富有、最具影響力的華人，他的重要性已經無需贅述。

鄭景貴經常往來拿律和檳城，他在拿律的事務則由同鄉劉三和管理，他可說是拿律海山的第二把交椅，劉氏捐了五十元，排名第六。與鄭景貴緊鄰的名字還有邱鴻才，在一八七二年第三次拿律戰爭時，海山曾一度被義興公司驅逐，因此記錄顯示「Khoo Hong Choey」連同福建會黨大伯公會的王文德出動船隻，在檳城裝載了槍械、大炮、彈藥和一千名打手，準備反攻拿律，檔案裡頭的 Khoo Hong Choey 相信就是碑文上的邱鴻才了。邱氏捐了一百元，排名第五。

除了海山之外，義興領袖也在芳名之列，例如許栳合，他是潮州義興的重要人物，也是檳城潮州公司的創辦人之一，其勢力範圍在威省，是該地區甘蔗種植業的領導人，捐了二十元。雖然記錄上沒有顯示他有涉足拿律，但是其子，同樣是潮州義興領袖的許武安，則在第三次拿律戰爭涉入其中。再來是當時的檳城義興的大哥李遇賢（新寧籍），他也是寧陽會館受託人，捐了十五元。在一八六一年第一次拿律戰爭發生時，李遇賢便代表義興前往拿律進行調查，他過世後，神主牌也安奉在義興祠堂——名英祠當中。上述幾位領袖都是捐金最多，出現在碑文芳名第一排的重要人物。從人數和金額上看，海山領袖顯然較義興來得佔優勢。

除了第一排的人名之外，碑文當中還是能夠找到其他當時的重要人物。例如新寧籍的和合社大哥何義壽（捐金十元），他在後來一八七二年的第三次拿律戰爭中與義興結盟，並在檳城遠端操控拿律事務。該年，他在檳城的宅邸也遭海山－大伯公會陣營的成員炸毀，且試圖將他暗殺，但所幸何氏逃過一劫。另一位值得一提的則是宋繼隆（捐金十元）。他是海山集團的礦主，與鄭景貴是同鄉，他在一八七二年的拿律戰爭中被馬來封地主放逐到拿律南部的直弄（Trong）為期五年。在期滿之後，他便前往近打河流域的務邊（Gopeng）開辦礦場，並且招募增城籍同鄉的移入，成為務邊的開基者。今天的務邊大街——Jalan Kay Long便是以宋繼隆為名。

在碑文中還可以見到陳亞勝、邱新科、羅錦蘭、李宗福這四位拿律礦主，他們在一八七二年九月連同先前提及的海山領袖鄭景貴兄弟、宋繼隆、邱鴻才，在胡泰興的帶領下，上書英殖民政府控訴他們在義興破壞的損失。另外，碑文中還有幾位義興領袖，像是黃城柏（嘉應籍）和黃栢璘（新寧籍，也作黃百齡），兩人都是檳城大暴動事件的義興首領，事件之後曾被殖民政府傳召問話。其他義興領袖還有紅棍鄧才貴（高要籍）、財副林啟發（香山籍），以及同時擔任此大伯公廟經理的李春生，但目前未見到他們和拿律之間的關係。

除了拿律相關的華商領袖，我們也可以在大伯公廟碑文中看到一些當時著名的人物，例如一八八二年受委為吉打甲必丹的戴春桃、著名的新加坡百貨商羅廣生（新會），和朱廣蘭（新會）。來自蘇門答臘棉蘭的張煜南和張鴻南兄弟（嘉應籍）也在宣統二年（一九一〇年）贈送「憑依在德」的匾額。

參、《福緣善慶》碑

大伯公廟另一塊重要的碑文是同治七年（一八六八）的《福緣善慶》碑，根據

圖 74　重修海珠嶼大伯公宮碑記
（資料來源：白偉權攝於二〇一五年一月廿九日）

碑文標題中的「修飭金漆」可以得知那是一次局部性的小修，由董事鄭景貴和其增城同鄉塗繼昌主理。與三年前的重修碑文相比，這裡的名字並不多，只有廿一人。這樣的人數差異是因為他們的社會關係緊張？還是鄭景貴無法動員其他派系的人？抑或是這次只是小修，無需這麼多人？我們不得而知，但這次共籌得三百三十五元。縱使名字不多，但這些名字卻十分聚焦。

我們能夠看到許多上述提及的海山領袖，包括鄭景貴、劉三和、宋繼隆、陳亞勝（陳勝合），以及義興大哥李遇賢都出現在碑文上了。該廟一八六五年的總理胡泰興也在其中。此外，這裡面也有一些先前未出現在一八六五年大伯公廟重建碑文中，但又與拿律有關的人士，像是李觀貴，他是拿律的海山礦主，曾經與義興礦主合辦礦場。另外還有海山領袖郭勝合，他曾在一八六一年第一次拿律戰爭時，與義興大哥李遇賢及英國副警察專員 Plunket 一同前往拿律勘察，後來他也被發現與 Leoh Ah Ung 一同用大伯公會的船隻運載大量軍火前往拿律。

圖 75　《福緣善慶》碑

（資料來源：白偉權攝於二〇一五年一月廿九日）

至於義興方面，則有陳阿錫和陳九合兩位礦主，兩人在第一次拿律戰爭當中都是礦場遭到搗毀的受害者。因此，在廿一人當中，便有九人是可以被辨識，與拿律有關的人物，已經接近一半，對於古碑文的解讀而言，這樣的比例其實已經相當高了。

此外，從碑文名單的主事者以及各派系的人數和捐金數看來，與鄭景貴較親的社群在檳城社交舞臺上似乎佔據了優勢，如果其他未被解讀的名字不影響這個觀察結果的話，那麼這樣的優勢或許就是和兩次拿律戰爭海山在拿律礦區的勝利有關。

肆、碑文所隱藏的訊息

透過上述碑銘的解讀，可以得知拿律和檳城關係密不可分，檳城對於其周邊地區的重要人物而言，無疑是重要的社交舞臺。因此，要瞭解拿律，首先必須瞭解檳城，要瞭解檳城，也無法繞過拿律。檳城這個核心和它的腹地的相互影響或許可以展現在這間大伯公廟當中。一八六五年的重修大募捐行為與第二次拿律戰爭的時間，以及一八六八年《福緣善慶》碑裡頭義興和海山領袖比例的懸殊，抑或是鄭景貴在檳城影響力的一路爬升，都可以結合拿律的歷史來一同解讀。

當然，每一次的募捐行為，除了物理上的廟宇修葺之外，更值得注意的是它社會性的一面，究竟誰負責動員？誰被動員了？這些人物之間有何共通性？誰因為捐金最多而被放在顯著位置？哪些人財力雄厚但又選擇謙讓，避免過於鋒芒？誰又只是捐點小錢應酬應酬？這些都是值得仔細觀察的議題。而對於大伯公廟兩塊最重要的碑文而言，拿律義興和海山的大哥及其礦主、供應商們錯綜的網絡關係，或許是解讀此碑銘的重要關係線。

上面所舉的，基本上已經基本涉及檳城廣幫當時最重要的人物了，當中有許多人物更是參和締造馬來亞大歷史的要角，因此大伯公廟這一聯合國世遺級別的古跡的價值並不僅僅只是其建築的工藝以及保育上的用心，更在於其非物質文化的部分，它們都是展現這座兩百年老廟歷史價值的重要注腳。

*僅以此文紀念主持廣東街大伯公廟修復工程的已故文史工作者，陳耀威建築師

延伸閱讀與參考資料

白偉權（2016），《國家、產業與地方社會的形構：馬來亞拿律地域華人社會的形成與變遷（1848-1911）》，臺北：國立臺灣師範大學地理學系博士論文。

張少寬（2013），《檳榔嶼華人寺廟碑銘集錄》，檳城：南洋田野研究室

陳劍虹（2015），《走近義興公司》，檳城：陳劍虹。

黃存燊（1965），《華人甲必丹》，新加坡：國家語文局。

鄭永美著（2002），〈檳城行幫史略〉，發表於檳城古跡信託會主辦，「檳榔嶼華人事蹟」學術研討會。

十七 怡保街路牌上的華人礦家溯源

我們都說拿律曾是馬來半島第一礦鎮，是馬來亞歷史轉折的起點，具有開創性的地位。然而在歷史轉折之後，拿律錫礦第一的地位雖然不復存在，但它其實還是如春夜喜雨般，「潤物細無聲」地默默影響著周邊區域及社會發展的動線。當然，這個影響是廣泛且多面向的，本章我們就從資本以及礦業經營「know-how」的角度來看拿律對於周邊社會的後續影響。

談到霹靂的錫礦，相信現今大部分人都會直觀地想起怡保，想起近打谷的各個礦業市鎮，這裡充滿礦家們成功發跡的故事，也能找到礦業的遺跡，像是督亞冷的鐵船、金寶的錫礦博物館、怡保的礦家俱樂部（閒真別墅），以及七十年代礦業沒落後的各種美麗與哀愁。反觀拿律（太平），或許是當地興衰的時間過於久遠，使得它的礦業角色早已被人遺忘，就連當地七、八十歲的老人家，大多也沒有採礦的記憶。

回到怡保，每當我們攤開怡保的街路地圖，總是可以見到許多以華人先賢命名的街路名，像是梁燊南路（Jln. Leong Sin Nam）、胡子春路（Jln. Foo Choo Choon）、鄭大平路（Jln. Chung Thye Phin）（圖76）、鄭大平巷（Lorong Chung Thye Phin）、周文暖路（Jln. Chew Boon Juan）、姚德勝路（Jln. Yau Tet Shin）、謝昌林巷（Lorong Cheah Cheang Lim）、林六輕路（Jln. Lam Looking）、鄭國明路（Jln. Chung Ah Ming）、胡曰皆路（Jln. Foo Yet Kai）、胡根益路（Jln. Foo Kan Yik）、胡重益路（Jln. Foo Choong Nyit）、胡日初路（Jln. Foo Nyit Tze）、劉一清路（Jln. Lau Ek Ching）、梁典路（Jln. Leong Tian）、林成就路（Jln. Lim Seng Chew）、李

圖 76 怡保市區的鄭大平路

（資料來源：白偉權攝於二〇一七年二月七日）

瑞和路（Jln. Lee Swee Hoe）、王振相路（Jln. Ong Chin Seong）等。

這些人物會被用作道路命名，表示都是已經經過篩選的重要人物，非等閒之輩。他們當中不乏會館、華人商會、宗親會、廟宇、政黨組織等機構的領導人，算是當時怡保乃至整個霹靂華人社會的領導人物，而錫礦正是他們的最大公約數。究竟這些人和我們今天要討論的拿律有何關係？我們先從先賢路名中最顯著的胡氏家族來看了解。

壹、傳承與擴散：一門礦家的霹靂胡氏

在怡保，光是以胡氏先賢命名的道路便有五條，他們都是來自福建永定中川的胡氏，是霹靂著名的礦家宗族。與我們年代較近的霹靂胡氏名人就有曾任董總主席，推動全國獨中復興運動的胡萬鐸。他在產業經營穩固後，便開始投身社會公共事務，

曾任霹靂永定同鄉會、深齋中學、霹靂客屬公會會長及董事。胡萬鐸是胡曰皆父子有限公司的掌舵人，旗下經營錫礦生產與收購、種職業、板廠以及房地產等。[187] 公司名字上的「胡曰皆」正是胡萬鐸的父親，他在一九六一年逝世後，其事業便由長子胡萬鐸繼承。胡曰皆雖然早逝，但他所作的累積早已為家族的日後發展奠下基礎。胡萬鐸相當念舊，其辦公室的裝潢至今還維持父親時代的配置，從未改變（圖77）。

胡曰皆（一九〇七—一九六一）是其中一名有著道路命名紀念的礦家先賢，他是五十年代霹靂著名的社會領袖，曾任霹靂客屬公會會長、霹靂永定同鄉會會長、南洋大學怡保區會主席、霹靂中華大會堂副會長，也擔任霹靂華人礦務公會、福建公會、中華總商會財政等要職，相當活躍。胡曰皆靠礦業起家，在積莪營（Chenderiang）、華都牙也（Batu Gajah）、地摩（Temoh）、金寶（Kampar）等

187 張樹鈞（2015），《胡萬鐸評傳：六十載馬來西亞華文教育奮進史蹟》，吉隆坡：天下人物出版社。

圖 77 | 胡日皆父子有限公司辦公室裡的胡萬鐸先生，右上的照片為胡日皆

（資料來源：白偉權攝於二〇一七年二月六日）

霹靂各地都開有礦場，可以這麼說，錫礦生意是他社會活動的基礎。像他一樣的礦家社會領袖有很多，胡曰皆是當時的典型代表。

錫礦場並非小本經營的零售業，其資本額巨大，所牽涉的管理、營銷其實相當複雜，算是門檻相當高的產業，因此一個成功的礦家，除了憑藉自己的努力之外，前人的栽培與養成亦至關重要。胡曰皆幼年喪父，栽培他的，便是其伯父胡重益（一八七一—一九四四），胡重益對他視如己出，從小便讓他在礦場幫忙，也提供機會讓胡曰皆一同去探礦，甚至在胡曰皆探礦成功後提供紅股，以最實際的方式讓胡曰皆經營自己的礦場。這種家族長輩手把手的培養使得胡曰皆獲得了花錢買不到的 know-how，最終造就了後來的胡曰皆。

除了胡曰皆之外，胡曰皆的其他叔叔如四叔胡再益、五叔胡濟益也都是以類似方式入門，在胡重益的錫礦收購與加工廠順億烏冷分別擔任書記和工頭。此外，在胡重益底下學礦而最後發跡的霹靂聞人還有張遜凡（後來的霹靂客屬公會副會長，怡保育才、萬里望萬華學校董事長），張氏甚至成為了胡重益的女婿。那麼，胡重益又是如何成為礦家的？

胡重益是戰前時代的霹靂華社領導人物，他與胡曰皆一樣，並不是打從一出生就是成功的礦家，而也是有一段養成階段。胡重益廿二歲時從家鄉永定南來，最初先在檳城堂哥胡鑄益的洋服店工作，後來再被被堂哥派往霹靂礦場幫忙。胡鑄益可說是影響胡曰皆這一支系在南洋發展的開山鼻祖。胡曰皆是少數有撰寫傳記的礦家，他在自傳中表示：「……今日吾高祖二十世祖龍亭公字一脈，能在叱吒發榮滋長，僑居曾玄裔二百餘眾，皆堂伯首先引進之功，有以致之，即稱為吾房第二故鄉筆基人，實足以當之而無可異議者也……」。當時的胡鑄益已是經營小有成就的礦家，他的成功也有賴於先輩的累積與傳承，根據胡曰皆的憶述，胡鑄益曾經在胡子春底下學礦。

貳、胡子春：霹靂胡氏一門礦家的肇基人

胡氏族人在十九世紀末大量進入霹靂，除了因為近打河谷的大開發以外，也和胡氏家族本身的實力有關。當時，霹靂出了個有「錫王」之稱的礦家，他正是胡子春（一八六〇—一九二一）。

近打各地在一八八〇年代初開始續發現錫礦，胡子春正是進入近打的第一批礦家，他的礦場遍佈近打各地。在怡保，許多重要的組織也是由胡子春所發起，像是霹靂福建會館（一八九七，今福建公會）、霹靂礦務農商總局（一八九八）、霹靂中華總商會（一九〇七）、怡保育才學堂（一九〇七）等。

由此可知，胡子春與胡曰皆、胡重益這些典型礦家不同，他是十九世紀末霹靂金字塔頂端的礦業鉅子。在胡子春礦業王國發展的同時，他也從原鄉找來了胡氏宗親協助打理生意，因此胡鑄益並不是孤立的個案。胡曰皆另一位堂伯胡壽益早年也

一樣，南來後便投靠胡子春，後來更成為了胡子春錫礦公司的總經理，由此成為造福其他胡氏家族的礦家。

與胡鑄益、胡壽益同一時期的礦家聞人還有前述提及的路名先賢胡日初（一八七三—一九三四），他在一八八〇年代被胡子春招募到近打，開發朱毛、布賴、督亞冷、萬里望等地，從中累積了不少礦務經驗。[188] 除了胡氏家族成員之外，其他路名先賢謝昌林（一八七五—一九四八）和劉一清（一八七七—一九五七）也都是曾經擔任胡子春秘書的著名礦家。[189] 此外，根據賴特的記錄，有一位胡氏宗親 Foo Chew Fan 在一八九一年被胡子春招募到拿乞擔任書記，之後除了自己開設熔錫廠和錫米店從事錫礦買賣之外，也擔任了次級餉碼商（sub-farmer），承包打捫（Tambun）和督

---

188 Ho Tak Ming. 2009. *Ipoh: When Tin was King*. Ipoh: Perak Academy. P. 488-489.

189 Ho Tak Ming. *Ipoh: When Tin was King*. P. 440.

亞冷（Tanjung Tualang）的酒類和賭博稅收。[190] 由上可知，胡子春開發近打地區時創造了許多機會，以致成為胡氏家族在霹靂紮根的關鍵人物。

參、拿律：近打第一代礦家的養成地

那麼胡子春的「造王者」是誰？他如何成為當時馬來半島富甲一方的錫王？其實胡子春的養成過程也與前述幾位礦家一樣，有前輩作為引路人。胡子春出生於一八六〇年，十八歲時便來到盛產錫礦的拿律學礦，這時的拿律剛在一八七四年從拿律戰爭中重生，戰後的拿律錫礦復甦，百業待興，他所服務的正是海山大哥甲必丹鄭景貴（一八二一－一九〇一）家族的礦場。可以這麼說，拿律是胡子春的錫王之路的養成地。

紀錄上，胡子春迎娶了鄭景貴兄長——鄭景勝的女兒為妻，成為拿律最強大利益集團家族的一份子，顯見其才幹備受認可。究竟是什麼機緣，使得胡子春有幸加盟當地最強家族？其中海山陣營裡頭有一位代表人物——胡泰興值得我們關注。

胡泰興與胡子春同宗，他也是檳城的船運商、拿律礦場投資者，在第三次拿律戰爭時，他也以海山集團代表的身份，帶領一眾海山礦主向英國請願。此外，在過去介紹胡子春的英文文獻中，也會提及胡子春是到太平一位很有影響力的「uncle」的礦場去學礦。[191] 無獨有偶，鄭景貴的第二及第三位夫人也都是胡氏。[192] 其中，墓

190 Wright, Arnold., & Cartwright, H. A. (eds.). 1908. *Twentieth Century Impressions of British Malaya: Its History, People, Commerce, Industries, and Resources*. London: Lloyd's Greater Britain Publishing Company. P. 543.

191 Wright, Arnold., & Cartwright, H. A. (eds.). *Twentieth Century Impressions of British Malaya: Its History, People, Commerce, Industries, and Resources*. P. 130.

192 陳耀威（2013），《甲必丹鄭景貴的慎之家塾與海記棧》，檳城：Pinang Peranakan Mansion Sdn. Bhd，頁 32。

地在今年八月底遭破壞的三夫人胡丁娘，據說就是胡子春的姑姑，[193]這或許就能夠解釋胡子春會去到鄭景貴家族礦場的原因了。

胡子春在拿律學礦幾年後，時間進入一八八〇年代，此時正逢拿律礦源枯竭而近打各處發現錫礦的年代。作為拿律戰爭最大贏家的鄭景貴及他的利益集團，自然也紛紛往近打地區逐錫礦而居。鄭景貴父子便率先取得了端洛（Tronoh）、督亞冷的開發權。值得留意的是，胡子春發跡之處正好也是這些地區，他先從附近的拿乞（Lahat）開始，之後進到鄭氏父子開發的端洛、督亞冷，再從這些地區拓展至霹靂其他地方乃至雪蘭莪。

拿乞可說是胡子春的大本營，胡鑄益與胡壽益最初創建的錫礦收購與加工廠——永益和號便是在拿乞，現今霹靂胡氏總墳也同樣在拿乞。胡重益、胡根益的產業則集中在隔鄰的華都牙也，足見胡子春投資近打後對於當地社會空間帶來的影響。

肆、令拿律礦家趨之若鶩的近打

當然，胡氏家族並非孤立的個案，類似拿律到近打的著名案例還有很多。例如開發務邊的宋繼隆便是拿律海山領袖，他在第三次拿律戰爭時便被放逐至直弄（Trong），放逐期結束後，則到務邊成為當地開發者。也因為這樣，他也找來了許多增城的鄉親（與鄭景貴一樣屬增城籍），使得務邊成為繼太平之後，全馬少數增城人佔有優勢的市鎮，當地擁有自己的增龍公塚（圖78）。宋繼隆的兒子 Sung Ah Ngew 也在拿律受教育後，[194] 到近打發展。

193 Audrey Dermawan. 2022, September 5. Heritage activist questions Penang government's silence over demolished historical grave. *New Straits Times.* Retrieved December 11, 2022, from https://www.nst.com.my/news/nation/2022/09/828650/heritage-activist-questions-penang-governments-silence-over-demolished

194 Wright, Arnold., & Cartwright, H. A. (eds.). *Twentieth Century Impressions of British Malaya: Its History, People, Commerce, Industries, and Resources.* P. 543.

圖 78　務邊的增龍公塚

（資料來源：白偉權攝於二〇一五年八月一日）

除了務邊之外，由鄭景貴父子所開發的端洛也是少數增城人佔據優勢的城鎮，當地能找到和太平一樣的增城人信仰——何仙姑廟。當地的南海、番禺、順德社群也共組南番順會館，這樣的族群組合基本上也和拿律如出一轍。協助鄭景貴打理拿律事務的主理人劉三，其子劉富接手父親生意後，也在一八八〇年代到怡保設立據點，於近打地區開礦。拿律義興大哥陳亞炎所屬的商號——泰利號，也在怡保開設分行，收購周邊地區的錫米。

我們再回看怡保華人路名的那些主人翁，鄭大平（一八七九—一九三五）、鄭國明（一八八七—一九四〇）、謝昌林也都是拿律第二代或第三代。鄭大平是鄭景貴的兒子，繼鄭景貴之後任霹靂甲必丹。鄭大平除了長居檳城之外，在怡保也擁有產業，至今屹立在怡保舊街場的 Arlene House（圖79）過去便是鄭大平在怡保的營業總部。鄭國明則是鄭景貴的長孫，曾任霹靂國的議員。

謝昌林也是太平公市創建者謝文賢（檳城貿易商，也是太平的第一代移民）的

圖 79　建於一九〇五年的 Arlene House，疫情期間整修後於門口加上了「KAPITAN CHUNG THYE PHIN」的文字。

（資料來源：白偉權攝於二〇一九年十二月十二日）

兒子，他出生於太平，兒時曾與鄭大平、鄭國明一起就讀於太平中央學校（Central School），[195]他畢業後也到近打發展，協助表哥胡子春，[196]後來也成為著名礦家，他的事蹟也由 Francis Cooray 與邱思妮撰寫成《Redoubtable Reformer: The Life and Times of Cheah Cheang Lim》的傳記。

此外，若走進位在怡保的霹靂中華總商會，牆上的創會先賢照片當中也有拿律的臉孔，除了胡子春外，像是拿律的錫礦收購商與熔錫商李振和、太平錫礦場主王鼎把、太平礦家黃務美。上述這些人物或家族，都是在拿律錫礦榮景時期在拿律累積了大量財富，並在拿律錫礦枯竭時，將其資本和技術轉移至近打，成為近打開發的重要推手，過程中便創造了第二、第三代的近打礦家。

---

195 Cooray, Francis., & Khoo Salma Nasution. 2015. Redoubtable Reformer: The Life and Times of Cheah Cheang Lim. Penang: Areca Books. P. 20.

196 Cooray, Francis., & Khoo Salma Nasution. Redoubtable Reformer: The Life and Times of Cheah Cheang Lim. P. 34-35.

由此可知，無論是「錫王」胡子春，還是其他礦家先賢，他們都有一段學習礦場經營 know-how 的過程，拿律正是培養這些礦家的搖籃，藉由在拿律長時間的累積，這些礦業資本和經驗得以在拿律礦源枯竭時，隨著礦家的腳步流動至其他地方，怡保路牌上的近打胡氏家族便是由此而生。

總體而言，霹靂作為馬來半島北部重要的礦業城市，礦業的發展造就了一批又一批開創一方水土的礦家。然而，礦業的經營並不是表面想象的那麼單純，當中牽涉了龐大的資本、生產及加工技術、礦場管理、運銷通路等，這些 know-how 都不是單憑一己之力就能夠獲得的無形資本。因此礦家的成長過程有賴於一群養成者的栽培與提拔，先從打雜開始，到學習管理、嘗試協助拓展新的礦場，最後再獨立自立門戶，再透過業務拓展的過程繼續栽培其他的礦家。

拿律是馬來半島北部錫礦產業發展的開端，這裡曾經因為錫礦的開發而湧入大量的移民，也造就了檳城的繁盛。拿律的太平也曾因為錫礦而一度成為霹靂的首府，但在一段時間後又被崛起的近打地區所取代（圖80）。表面上看來，近打取代了錫礦枯竭的拿律，但是藉由不同世代礦家養成的回溯，其實兩者之間有著承繼關係。從拿律在一八四八年發現錫礦一直到一八八〇年代中葉接近四十年的時光裡，這片土地為礦家們累積了不少的資本、人才、技術，在近打出現開發契機時，佔據地利之便的拿律礦家自然成為近打地區的第一批開發者，因此拿律對近打產業和社會的影響不容忽視，要說霹靂礦家出拿律，一點也不為過。

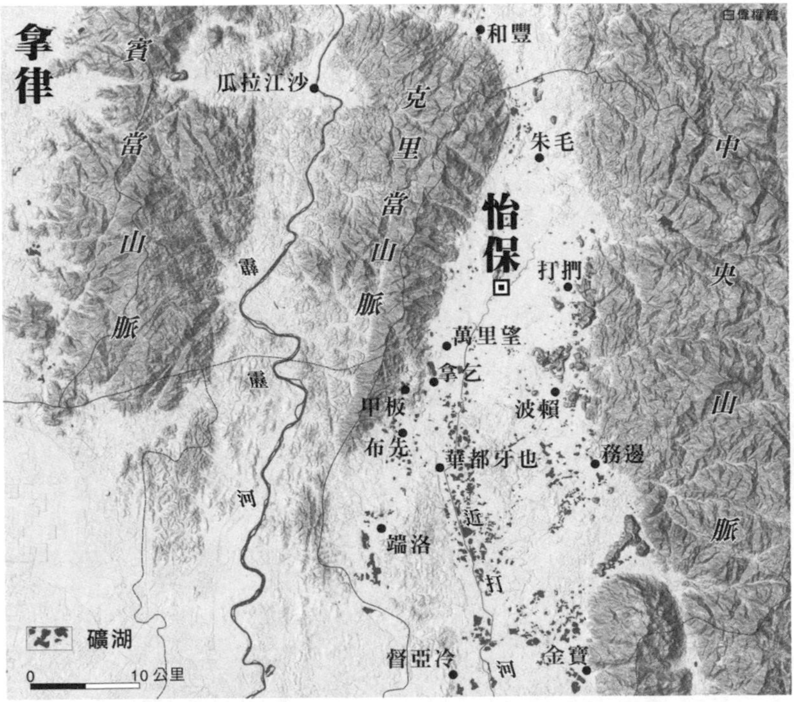

圖 80 近打河谷各主要礦業市鎮

（資料來源：白偉權繪，底圖取自 ESRI World Hillshade）

延伸閱讀與參考資料

Audrey Dermawan. 2022, September 5. Heritage activist questions Penang government's silence over demolished historical grave. *New Straits Times*. Retrieved December 11, 2022, from https://www.nst.com.my/news/nation/2022/09/828650/heritage-activist-questions-penang-governments-silence-over-demolished

Cooray, Francis., & Khoo Salma Nasution. 2015. *Redoubtable Reformer: The Life and Times of Cheah Cheang Lim*. Penang: Areca Books.

Ho Tak Ming. 2009. *Ipoh: When Tin was King*. Ipoh: Perak Academy.

Wright, Arnold., & Cartwright, H. A. (eds.). 1908. *Twentieth Century Impressions of British Malaya: Its History, People, Commerce, Industries, and Resources*. London: Lloyd's Greater Britain Publishing Company.

胡曰皆（1960），《胡曰皆先生家譜匯集》，怡保：胡曰皆父子有限公司。

張樹鈞（2015），《胡萬鐸評傳：六十載馬來西亞華文教育奮進史蹟》，吉隆坡：天下人物出版社。

霹靂客屬公會開幕紀念特刊編輯委員會（1951），《霹靂客屬公會開幕紀念特刊》，怡保：霹靂客屬公會。

陳耀威（2013），《甲必丹鄭景貴的慎之家塾與海記棧》，檳城：Pinang Peranakan Mansion Sdn. Bhd。

十八　怡保街路牌上的華人礦家溯源*

筆者二〇一二年初到太平收集資料時首次踏入歷史悠久的增龍會館，會館禮堂中高掛著歷史課本中熟悉的海山大哥鄭景貴相，在其同一側則高掛了一張貌似袁世凱，但又不知其人的陌生相片，下面只列了「賴際熙遺照」五個字。他看來與鄭景貴有著同樣重要的地位，然而會館的主事者對他所知甚少，這樣的反差引起筆者的

* 本文曾收錄於 2022 年由麥田出版的《赤道線的南洋密碼：台灣@馬來半島的跨域文化田野踏查誌》，經同意重新收錄本書，特此申謝。

圖 81　太平增龍會館內的鄭景貴與賴際熙
（資料來源：白偉權攝於二〇一二年六月七日）

好奇。回去後依名字上網搜尋才知道，原來賴際熙是赫赫有名的人物，他是前清太史，民國時期香港大學中文學院的創院主任。會館牆上海山大哥與港大學院主任的照片交織在一起，構成玩味無窮的畫面，不禁令人好奇他們之間的關係，究竟賴際熙與馬來亞的連結關係為何？

壹、賴際熙是誰？

從一些基礎資料得知，賴際熙（一八六五年—一九三七年）與甲必丹鄭景貴同是增城人。所不同的是，賴際熙並非從商出身，他是讀書人，他於一八八九年（光緒十五年）廿四歲時中舉，到了一九〇三年（光緒廿九年）考中二甲進士，並獲皇上欽點為翰林院庶吉士，成為清廷任官的儲備人才。[197]他五年後任國史館協修，再升任總纂，所以也被後人尊稱為太史。在以士、農、工、商為分類的社會結構當中，賴際熙無疑位處社會金字塔的尖端，是當時社會頂尖的知識份子。

然而在清朝覆滅之後他便流亡香港，成為旅港前清遺臣。他在香港創立學海書樓教授國學，後來也受時任港大校督的香港總督金文泰委託籌備設立中文學院，為香港中文教育的發展奠定基礎。同一時期，他也積極推動客家人的凝聚意識，成為最早的客家組織——香港崇正總會的發起人。

上述所提及的組織至今仍然持續發展。賴際熙在社會上也擁有良好的政商關係，與許多當地社會名流巨商如馮平山、利希慎，甚至港督金文泰[198]都私交甚篤。從目前的資訊看來，賴際熙在空間屬性上是香港的、中國的，與南洋關係較薄弱。

197　科舉制度。https://hk.chiculture.net/1102/html/c/1102c20.html

198　例如賴際熙曾在 1927 年在銅鑼灣利園宴請港督金文泰。見 1927 年 2 月 23 日〈賴際熙讌港督於利園〉，《香港工商日報》，頁 11。

那麼，他與馬來亞淵源又是從何開始？

貳、賴際熙多次到訪英屬馬來亞

從現有的史料整理，賴際熙在清代至民國期間至少來馬四次。目前見到最早來馬的紀錄是記載在《翰苑流芳：賴際熙太史藏近代名人手劄》的一張黑白照片，照片中是年輕留著辮的賴際熙，他與另一名看來年紀相仿的人合照，賴際熙坐在賓客的位置，此照片攝於檳城大伯公街（King Street）的相館。

另外三次來馬則記載在其文集《荔垞文存》的字裡行間，估計是在一九二〇年、一九二六年、一九三〇年之間。這四次已知的南遊，每一次必定落腳檳城，再往霹靂、吉隆坡等地遊歷。單從清代賴際熙來馬時於檳城所拍的照片，我們難以斷定他的時間和緣由，但從鄭景貴方面入手，或許可以為此問的解答題提供一些線索。

參、賴際熙與鄭景貴

賴際熙與鄭景貴年紀相差四十二年，一八六五年鄭景貴在領導第二次拿律戰爭時，賴際熙才出生，賴氏廿四歲中舉時，鄭景貴已年近七十。鄭景貴對原鄉捐助不少，是鄉里敬重的老者，賴際熙在增城應早已聽聞鄭景貴。在賴氏所編撰的《崇正同人系譜》套書中，鄭景貴是惟二[199]被記錄的海外華商，但該條目只是介紹鄭氏的功績，並未提及兩人的關係。

199　另一位被記載的是戴喜雲。

然而，在一八九九年（光緒廿五年）檳城鄭景貴慎之家塾落成時，各政商名流所致贈的匾額卻揭示了賴際熙和鄭景貴的關係。當時賴際熙題撰了一副對聯，[200]他在這幅對聯末端以「姻晚生」的身分落款，說明了他或他的家族和鄭家之間有著姻親關係。

當時賴際熙三十四歲，已是一個中舉十年的舉人，唯尚未獲欽點為翰林。賴際熙當時相信也出席了親家宅第的落成慶典。賴際熙早年在檳城的照片或許正是在此次南來時所拍攝。這對藏於檳城慎之家塾的賴際熙手跡，相信也是現存已知他在南洋所留下的最早紀錄。由此便不難理解賴際熙每次都落腳檳城的原因，他往後在本地的社會關係網絡發展也從檳城出發。

200 以中朝閥閱作外域屏藩當湖海南來應推第一；有潞國聲華備汾陽福澤極唐宋盛事此既兼全。

圖 82　賴際熙送給鄭景貴的對聯以「姻晚生」自稱

（資料來源：白偉權攝於二〇一三年八月廿九日）

四年後，光緒廿九年（一九〇三），賴際熙獲欽點為翰林院庶吉士，身為甲必丹的姻親與鄉人，賴際熙獲翰林的事在本地增龍社群中必定是一件值得慶祝的大事，特別是在當時南洋社會滿是虛位頭銜的背景下，此真材實料的翰林牌更能讓增龍社群在幫群林立的華人社會中昭示著本屬人士的威望。因此可以見到他們在會館中高掛了賴際熙的翰林牌匾。

至今，太平增龍會館、檳城的增龍會館[201]和五福書院[202]也都保留有賴際熙的翰林牌匾。值得注意的是，這些會館、書院都是與甲必丹鄭景貴有直接關係的社團組織。就此看來，賴際熙早年與馬來亞的連結關係很大程度建立在增城這個地緣社群以及鄭景貴的姻親關係之上。

---

201 檳城增龍會館也有他的題字，唯年代不詳。

202 感謝中央研究院近代史研究所廖小菁助理研究員提供檳城增龍會館以及五福書院有關賴際熙文物的照片。

圖 82　高掛於太平（左上）、檳城增龍會館（右上）以及五福書院堂（左下）的翰林牌匾

（資料來源：太平：白偉權攝於二〇一二年六月七日。檳城：廖小菁攝於二〇一六年四月七日、八日）

鄭景貴與賴際熙雖然關係密切，但是兩人的年紀始終差距很大，進入民國初期，鄭景貴便與世長辭，但賴際熙與馬來亞的關係並未因此結束。清朝覆亡後，賴際熙旅居香港，在新的時代裡，他仍與本地關係密切。

肆、士與商：賴際熙與其他馬來亞華商的關係

士與商雖然是傳統中國社會階級中頭尾兩個極端，但自晚清以來，中國士商的藩籬逐漸模糊，在香港及馬來亞這些英殖民地更是如此。從賴際熙的文集《荔垞文存》不難發現，他與殖民地華商的關係頗深。該文集收錄了不少他送給一些華商名流的祝壽表文、頌詞及墓誌銘。當中來自香港的有不少，但是也不乏南洋的華商、僑領，他們都是在新的時代中使賴際熙繼續與馬來亞保持密切關係的人物。

檳城：戴喜雲、戴芷汀父子（大埔籍）

除了鄭景貴之外，南洋與賴際熙關係最為密切的人就是大埔籍的檳城富商戴喜雲家族了。南洋著名的客家華商雖多，[203]但戴喜雲卻與鄭景貴一樣，是唯二被賴際熙撰寫收錄於《崇正同人系譜》當中的華商，密切關係可見一斑。戴喜雲在拿律發跡，他在商業上相當受到鄭景貴的照顧，與鄭景貴關係密切。他在一八九一年及一九一〇年分別包得拿律總餉碼和霹靂賭博餉碼。[204]一九〇八年戴喜雲也被清朝委任為駐檳城的副領事。[205]戴、賴兩人雖然不同鄉，但有著同為客家人、清朝官員，以及鄭景貴聯繫的共同關係。戴喜雲去世之後，賴際熙也為他撰寫了〈誥授榮祿大

203　例如張弼士、謝夢池、梁碧如、張煜南、張鴻南兄弟、胡子春等。

204　*Singapore and Straits Directory for 1891*. Singapore: Fraser & Neave Ltd. Pp. 240-241; *Singapore and Straits Directory for 1910*. Singapore: Fraser & Neave Ltd. Pp. 354-355.

205　黃賢強（2008），〈檳城華人社會領導階層的第三股勢力〉，收錄於黃賢強著《跨域史學：近代中國與南洋華人研究的新視野》，廈門：廈門大學出版社。頁110。

夫檳榔嶼領事官星嘉坡總領事戴公府君墓表〉的墓誌銘。

　　賴際熙與戴喜雲的長子戴芷汀也有不錯的交情。據《荔垞文存》所載，他們曾經在增城羅浮山黃龍觀學道，算是同門師兄弟，據筆者推算，賴際熙比戴芷汀年長四歲。[206]戴氏後來到福建擔任知州，清朝覆亡之後便回到檳城。賴際熙至少曾經在一九二〇年及一九三〇年到過檳城去拜訪戴芷汀。

　　一九二〇年去檳城的時候正值戴氏五一歲生日，賴際熙為他寫下了〈誥授朝議大夫芷汀太守老弟六秩開一壽序〉。一九三〇年去的時候則是戴的六十大壽，賴也為戴芷汀寫了〈戴芷汀大兄六十壽序〉。有趣的是，這回戴芷汀的稱謂從賴的「老弟」變為「大兄」。事實上，到了民國時期，戴芷汀是賴際熙在南洋最重要的人脈，兩人關係甚好，一些前清的讀書人也是透過賴戴二人的這條管道到南洋發展。[207]

雪蘭莪：郭德修、郭喬村兄弟（大埔籍）

除了檳城之外，賴際熙也透過戴芷汀的關係在客家人聚集的吉隆坡建立了社會關係網絡。經過戴氏的介紹，賴際熙結識了雪蘭莪大埔籍的客家富商郭德修、郭喬村兄弟，郭德修也是一九一二年雪蘭莪茶陽會館的重建者。[208]郭氏兄弟的母親慶祝七十九歲大壽時，戴芷汀也轉知賴際熙為郭母撰寫〈敕封孺人郭母劉太孺人七秩晉九榮壽大慶序〉的祝壽文，該文的時間不詳。

206 1920年賴際熙年齡為55歲，而同一年，戴芷汀慶祝51歲生日。

207 例如另一名前清太史黎湛枝，他雖然與賴際熙在清朝的位同等，甚至還在同一年獲得翰林院名銜，但他到香港之後就沒那麼幸運，面臨生活困難，因此寫信給賴際熙希望獲得他的手信到南洋去投靠戴芷汀。見鄒穎文編（2008），《翰苑流芳：賴際熙太史藏近代名人手箚》，香港：香港中文大學圖書館。

208 馬來西亞雪隆茶陽（大埔）會館 http://www.charyong.org.my/。

雪蘭莪：楊宜齋（大埔籍）

賴際熙在一九二一年時也走訪了吉隆坡，並在當地結識一名客家大埔籍的社會領袖楊宜齋。楊氏在雪蘭莪以礦業起家，清代時也捐有奉政大夫的五品官，民初也與其他頭家共同創辦辟智學校。他其中一名孫子就是後來著名的新加坡首席大法官楊邦孝（一九二六—）。一九三三年前後，楊氏及夫人慶祝八十大壽時，他也有贈送〈誥授奉政大夫楊宜齋先生暨德配藍宜人八秩雙壽榮慶序〉的祝壽文。

怡保：梁克堯（嘉應籍）

一九三〇年賴際熙南來檳城參加戴芷汀的六十大壽時，也認識了霹靂嘉應籍的梁克堯。梁克堯是霹靂的礦家，少壯南來時在同鄉梁碧如（客籍檳榔嶼副領事）的霹靂咖啡山礦場學礦。發跡之後，其產業分佈在萬里望、怡保、斯裡並。梁克堯母親羅氏七十一歲大壽時，賴際熙也為她寫了一篇〈梁伯母羅太夫人八秩開一榮壽大慶序〉的祝壽文。

檳城：時中學校

除了為一些社會名流富商提寫讚頌詞之外，檳城客籍富商戴喜雲、謝春生、梁碧如所創辦的崇華學校建立新校舍之後，賴際熙在一九三〇年南來時也為該校撰寫了一篇〈三達堂記〉的序文，以緬懷三人對於海外辦學的貢獻（賴際熙寫序時，該校已易名為時中學校）。按該文內容，〈三達堂記〉似乎是要以碑刻的形式存放於時中學校。然而該碑文至今未見，原因不詳。

賴際熙作為前清翰林太史，是傳統中國的仕紳階級，他筆下所寫的商人理論上都屬封建制度下的下層階級，但這不影響賴氏的社交，在新的環境中，賴際熙必須順應時勢做出各種調適，能屈能伸，以應付新的時局，這些社會關係也成為他順利經營各種事業的運作關鍵。另外也可以見到，賴際熙在南洋的社交網絡大程度上都是由檳城戴氏家族展開，因此在二十世紀當中，戴芷汀的角色格外重要。

伍、港大中文學院籌設與賴際熙的南洋網絡

在新的時代中，與華商關係的經營對賴際熙而言格外重要，以賴際熙在創辦香港大學中文學院的過程為例，當時港英政府其實缺乏辦學經費，有別於現今政府在教育上的巨額經費投注，身為籌備主任的賴際熙因而負起籌款的責任。

在一九二六年八月，賴際熙便與港大校長韓和惠爵士（William Hornell）一同前往南洋向華商募款，其中賴際熙的摯友戴芷汀也有捐獻巨款。他們也得到吉隆坡錫礦家陳永和廖榮之的捐助。陳永也是吉隆坡陳氏書院的成員，國家皇宮也是由他所建造。賴際熙此行共募得四萬多元。

其他《荔垞文存》中出現的富商雖然沒有記錄在港大的校史當中，但是相信也在捐款者之列。這次籌款主要用作教職員薪俸、購書、修整教室等用途。[209] 因此港大中文學院的成功創辦很大程度上有賴於賴際熙的社會關係網。

陸、賴際熙與星洲客屬總會

賴際熙與馬來亞的關聯或許也少不了客家運動的推展。在一九二〇年代，整個香港以至南洋地區的客家人開始出現客屬一體的團結氣氛。而賴際熙正是香港崇正總會的領袖，當時與賴際熙一同推動客家事務的還有富商胡文虎。

同一時期，新加坡客家社群也於一九二三年在當地發起籌備成立星洲客屬總會。在籌備期間，前述與賴際熙關係良好的富商戴芷汀、梁克堯、楊宜齋、廖村喬等都擔任了名譽贊助或名譽協理。經過七年的籌備，總會終於在一九二九年建立並舉辦成立開幕大典。胡文虎當時也同時任香港崇正會和星洲客屬公會首任會長。作為香港客屬團體創辦人的賴際熙也題贈了「客屬總會」的匾額給星洲客屬總會，該

209　方駿（2012），〈賴際熙的港大歲月〉，《東亞漢學研究》，2：282-293。

匾額現今還高掛在新加坡南洋客屬總會大門之上。

賴際熙是少數與本地華人歷史有深厚淵源的高端文人，從他的生平事蹟可以得知，他與馬來亞的淵源相當多元。就目前所搜集到的材料得知，他早年很可能因為與海山鄭景貴之間的姻親與地緣關係而與馬來亞產生地理連結。

雖然鄭景貴在一九〇一年便已經離世，但是賴際熙年少時與戴芷汀之間的同門關係卻也延續了賴際熙在本地的社會連結。晚近，因為港大中文學院的籌款以及客家網絡的發展原由，更讓賴際熙多次來馬，也加深了他與馬來亞華人社會的聯繫。我們可以從中見到地緣、姻緣、友誼、教育、客家在這當中所扮演的角色。我們也可以從賴際熙身上見到這位前清知識分子如何順應時代變遷而努力調適，善用各種社會資源，最終為各領域做出貢獻。

圖 84　新加坡南洋客屬總會大門上的賴際熙手跡

（資料來源：白偉權攝於二〇一八年五月二十日）

延伸閱讀與參考資料

Chan, King Nui. 1997. From Poor Migrant to Millionaire: Chan Wing, 1873-1947. Kuala Lumpur: Malaysian Branch of the Royal Asiatic Society.

Singapore and Straits Directory for 1891. Singapore: Fraser & Neave Ltd.

Singapore and Straits Directory for 1910. Singapore: Fraser & Neave Ltd.

〈賴際熙謁港督於利園〉，《香港工商日報》，1927 年 2 月 23 日。頁 11。

賴際熙著、羅香林編（2008），《荔垞文存》，臺中：文聽閣。

南洋客屬總會（1956），《客屬年刊銀禧紀念號》，新加坡：南洋客屬總會。

方駿（2012），〈賴際熙的港大歲月〉，《東亞漢學研究》，2：282-293。

鄒穎文編（2008），《翰苑流芳：賴際熙太史藏近代名人手劄》，香港：香港中文大學圖書館。

黃賢強（2008），〈檳城華人社會領導階層的第三股勢力〉，收錄於黃賢強著《跨域史學：近代中國與南洋華人研究的新視野》，廈門：廈門大學出版社。頁 102-116。

趙雨樂（2008），〈賴際熙——香港傳統中文教育的重要推手〉，收錄於趙雨樂編著，《近代南來文人的香港印象與國族意識》，香港：三聯書店。頁 109-122。

馬來西亞雪隆茶陽（大埔）會館 http://www.charyong.org.my/。

1841
一八四一

拜別唐山：
馬來半島的異域重生

作　　　　者　白偉權
「新南洋史」系列策劃人　孔德維
責　任　編　輯　緣二聿
文　字　校　對　Carly Mak
封　面　設　計　虎稿・薛偉成
內　文　排　版　王氏研創藝術有限公司
出　　　　版　一八四一出版有限公司
印　　　　刷　博客斯彩藝有限公司

2024 年　1 月　初版一刷
定價　420 元
ISBN　978-978-626-97372-9-1 (平裝)

一・八・四・一

社　　長　沈旭暉
總 編 輯　孔德維
出版策劃　一八四一出版有限公司
地　　址　臺北市大同區民生西路 404 號 3 樓
發　　行　遠足文化事業股份有限公司
（讀書共和國出版集團）
郵撥帳號　19504465 遠足文化事業股份有限公司
電子信箱　enquiry@1841.co
法律顧問　華洋法律事務所 蘇文生律師

拜別唐山：在馬來半島異域重生 / 白偉權作 . – 初版 . – 臺北市 : 一八四一出版有限公司出版 : 遠足文化事業股份有限公司發行，2024.1

面；　14.8 X 21 公分

ISBN 978-626-97372-9-1(平裝)

1.CST: 華僑 2.CST: 華僑史
3.CST: 民族文化 4.CST: 馬來西亞

577.2386　　112021822

新南洋史